VERBUM  NARRATIVA

ROSA DE GUAYAQUIL

Verbum **Narrativa**

Dirigida por: EUGENIO SUÁREZ GALBÁN

Novelas y relatos de autores clásicos y contemporáneos. Entre las figuras más significativas presentes en la colección, destacan los nombres de: Mario Vargas Llosa, Mario Szichman, Miguel de Cervantes, Benito Pérez Galdós, Enrique Jardiel Poncela, Miguel de Unamuno, Ramón del Valle Inclán, Pablo de la Torriente Brau, Vicente Blasco Ibáñez, Luis Coloma, Juan Pérez Zúñiga, Jaime Marchán, Consuelo Triviño, Gerardo Pérez Sánchez, Víctor Fuentes, Gloria Macher, Claudio Aguiar, Luis Martínez de Mingo, Antonio Cavanillas de Blas, Lourdes Vázquez, Josefina Verde, Roberto Payró, entre otros.

LILIANA BELLONE

Rosa de Guayaquil

HOMENAJE A LAS GRANDES MUJERES QUE LUCHARON POR LA
INDEPENDENCIA AMERICANA

EN EL BICENTENARIO DEL ENCUENTRO DE GUAYAQUIL
ENTRE SAN MARTÍN Y BOLÍVAR (1822)

EDITORIAL
VERBUM

© Liliana Bellone, 2022
© Editorial Verbum, S. L., 2022

Tr.ª Sierra de Gata, 5
La Poveda (Arganda del Rey)
28500 - Madrid
Teléf.: (+34) 910 46 54 33
e-mail: info@editorialverbum.es
https://editorialverbum.es

I.S.B.N.: 978-84-1337-835-0
Depósito legal: M-15883-2022

Diseño de colección: Origen Gráfico, S. L.
Preimpresión: Adrians Esquivel Romero
Printed in Spain / Impreso en España

Este libro ha sido
impreso con papel
ecológico procedente
de bosques sostenibles.

A Antonio, María Verónica, Martín, Lautaro y Julieta.

A Rosa María Grillo.

Sol de los Andes, cifra nuestra,
veedor de hombres americanos.

GABRIELA MISTRAL

*Porque los mártires de nuestra América son un montón de muertos
–sin nombres y sin fechas.*

RAÚL ARÁOZ ANZOÁTEGUI

ÍNDICE

DE AMÉRICA

I.

Lima

No me equivoqué –pensó José de San Martín– al entrar en Lima antes que en otra ciudad del Virreinato del Perú. Mis oficiales no estaban de acuerdo, ni Álvarez de Arenales, ni Rudecindo Alvarado, jefe de granaderos, querido Rudecindo, a quien designaré mi sucesor militar cuando me vaya algún día de esta campaña a descansar mis huesos en un rincón de la tierra, que tal vez sea acá, en esta ciudad del Inca y de Pizarro donde encontré a Rosa. Bruma de Lima, bruma del Pacífico, que ocultas los castillos y los fuertes, ciudad amurallada como las de España. Acá puedo al fin prescindir un poco del opio para mis dolencias. Ahora solamente resta aguardar el desenlace. Monteagudo y Torre Tagle, uno cerebral, el otro débil y contradictorio, ven conspiraciones por todos lados, en las comidas, detrás de los enrejados, en las haciendas, en los caminos. Lima, te pareces a Andalucía a veces, otras a Castilla con tus torres y conventos. Y a Murcia, mi otra casa, la de la juventud. Acá me siento mejor y más a gusto que en la mercantilista Buenos Aires, ciudad de burgueses enriquecidos. Cuánta arrogancia la de Buenos Aires, cuánta obcecación la de su gobierno al pedirme que regresara con el ejército desde Chile para frenar a los caudillos de las provincias. El continente para los porteños no cuenta. Si no hubiese sido por Chile, el Perú y el ejército de Güemes que puso el pecho en el Alto Perú, no podríamos haber continuado la campaña. Ojalá Bolívar comprenda y nos preste ayuda. De Buenos Aires no hay que esperar nada porque nos volvió la espalda. Lima es muy distinta. Difícil pero no contradictoria, con una conciencia de la historia pocas veces vista en América. Estoy íntimamente convencido de que las bases para la Gran Patria Americana saldrán de acá. Y en esta ciudad de enrejados y recovas, conocí a Rosa. Ella me esperaba, me dijo, me esperaba cuando supo que cruzaba los Andes desde Mendoza para llegar a Chile y armar la flota hacia el Perú. Ella que había urdido cientos de intrigas y pasado datos a los patriotas, me aguardaba. Niña de ojos azules, que dejó su tierra del Guayas para venir a preparar mi llegada; preparar es una manera de decir, porque Rosa vino al Perú con un general realista que la amaba. No es difícil amarla. En Santiago ya me habían hablado de una mujer capaz de vestirse con velo para llevar proclamas y pegarlas en los muros de la ciudad. Pero no me dijeron que era de Guayaquil. Rosa tiene la misma edad que mi esposa Remedios, o sea que le llevo veinte años, pero a mí me parece que ella es la reencarnación de un ser milenario, si la reencarnación existe como existe una Razón Suprema que rige el universo. Esta tarde iremos los dos a La Magdalena. Tendré que contarle mis planes antes que los realistas se rehagan. Si bien ya no existe la fuerza de veinte mil soldados que mandó el rey, la sierra inhóspita, los desacuerdos con Lord Cochrane, me indican como único camino unir el ejército de la Argentina, Chile y el Perú al de Simón Bolívar, que viene triunfante luego de Riobamba y Pichincha. Ha llegado el momento de pedir auxilio al ejército de Colombia en medio de una situación desventajosa porque el gobierno de Buenos Aires nos ha dejado sin apoyo.

–Nos acostumbramos a la guerra –me dijo Rosa en una de esas tardes claras en La Magdalena.

–Nos acostumbramos a la guerra, amiga mía –contestaba yo, mientras contemplaba las viñas, los palomares y las higueras del huerto. Ella me sonrió y acercó su mano enguantada a la mía. Íbamos a salir de paseo en la calesa. Yo le quité el guante de gamuza y le besé los dedos, las palmas, las muñecas y entonces vi que a Rosa se le escapaban lágrimas. Cantaban las aves de La Magdalena, se sentía el aroma de las palmas y los guayabos cuando entramos en la casa. Los muros de grueso adobe nos protegieron. Era demasiada la pasión de esa niña y de ese hombre que era yo.

Rosa vestida de seda blanca, peinada como griega, distinguida y altiva, Rosa Campusano Cornejo, hija de hidalgo hacendado y mestiza de negros y criollos, hija de esta tierra, bella mía, eternamente mía.

–Es la Señora Rosa Campusano Cornejo –me anticiparon en el baile del Cabildo de Lima para celebrar la Independencia. Yo había entrado a caballo con mi uniforme de gala por las calles de altos muros y enrejados. Ella me vio. Eso me contó. Dice que la impresionaron mis ojos brillantes y a la vez como sumergidos en un abismo de tristeza.

–Tus ojos tan oscuros… Quiero dormirme en ellos para acariciarlos, para sacarte la pena que llevas y que yo adivino –me dijo una vez en un arrebato de pasión.

La noche del baile en el Cabildo y la siguiente, durante la fiesta en el Palacio de los Virreyes, no tuve más ojos que para Rosa Campusano. En ambas ocasiones rompimos el baile con un minué, como solía ocurrir en Santiago de Chile en las veladas de Madame Escalada, la esposa del Almirante Blanco Escalada, o de Lady Cochrane. Toda la noche fue nuestra. Las demás señoras me parecían desvaídas, opacadas por la luminosidad de Rosa. Hablamos de Rousseau, de música, y me dijo que la había encarcelado la Inquisición por leer libros prohibidos y en especial las cartas de *Eloísa y Abelardo*. Entonces le enumeré los libros que llevaba conmigo, la mayoría en francés e inglés y que pasarían a formar parte de la Biblioteca de Lima.

–Los querría leer –me dijo–. Supe que era verdad y que ella sería la guardiana de mis libros.

Fueron días felices, breves pero felices. En Miraflores yo ordenaba comidas francesas y vinos de Burdeos y ella me asombraba con cebiche acompañado por yuca y ambrosía. Me presentó a Manuela Sáenz, su amiga de Quito, quien luchaba por la libertad de su patria. A veces, paseábamos los tres en el carruaje de seis caballos que había pertenecido al Virrey y comíamos en Miraflores o en La Magdalena. Yo tocaba la guitarra y las hacía reír con algunas agudezas e ingenios. Ellas solían entonar coplas y endechas de su tierra. Era como en Cádiz, con mis hermanos de la Logia de los Caballeros Racionales, adonde departíamos con Zapiola y Alvear, tan alejado en los últimos tiempos. Rosa y Manuela eran mis deidades, amaban la música de mi guitarra, sus arpegios, sus notas sublimes como de lluvia y graves como los abismos andinos, acordes y rasguitos que me había enseñado Fernando Sors. Manuela partió a Quito cuando se enteró de que hacia allá iba Bolívar. Manuela iba a su encuentro, al encuentro del Libertador y del hombre...

Las noticias del Río de la Plata eran aciagas. Se hablaba de levantamientos y luchas. Buenos Aires ya nos había abandonado hacía mucho tiempo y se murmuraban patrañas sobre mi moral; los porteños no vacilaban en acusarme de ladrón, traidor y militar ambicioso, alguien que solamente perseguía el propósito de hacerse coronar Rey del Perú. Los llanos de Córdoba y La Rioja, la pampa y el litoral del Paraná, eran campos de batallas fratricidas, interminables, sin destino. Luto y llanto. Guerra civil. Ya la muerte de mi gran amigo Juan Antonio Álvarez Jonte, el de la letra perfecta y razonamientos precisos, debilitado por la tuberculosis que todo lo puede, había empañado gran parte de mi tiempo.

Pobre Álvarez Jonte, tosía y vomitaba sangre como Remedios. Cuando los padres y hermanos de mi mujer me dijeron que estaba tísica, guardé todos los recaudos para proteger a mi pequeña Mercedes. Había traído a Remedios a Mendoza pero cuando partí de nuevo a Chile para armar la expedición al Perú, tuve que enviarla a Buenos Aires con un ataúd atado al carruaje porque se moría. Remedios siempre fue frágil, como una niña. Así fue, ella se fue en su carruaje, pálida, medio muerta. Y se fue con mi hija, a la que no veo hace tanto tiempo y que recuperaré cuando regrese a Buenos Aires, si sus necios gobernantes lo permiten. Todos protegíamos a Remedios, sus hermanos Manuel y Mariano y su tío, Hilarión de la Quintana. Nos hubiéramos batido a duelo por ella, por su honor y su vida. Una palabra o un gesto que hubieran herido su delicadeza hubieran bastado para que yo enviara a la cárcel al osado. Ahora ella se muere en Buenos Aires. Y no podré verla.

–Cuando se ama de verdad, uno lo abandona todo, se arriesga la vida y hasta se la pierde por quien se ama –me dijo Rosa–. Esas frases son como un martillo en mi cabeza.

Los fantasmas que ve Monteagudo pueden volverse reales. Arenales también me anticipa graves problemas, lord Cochrane no ceja en sus empeños de difamarme ante O´Higgins y todo el país y el pueblo de Chile. Cochrane es un hombre ambicioso. Debe de haber sufrido mucho cuando lo degradaron y le confiscaron sus títulos de nobleza y sus riquezas. Él quería destruir definitivamente a Canterac, dueño de los castillos del Callao, pero yo ordené el sitio de Lima. Sin trigo, sin harina, sin alimentos para la población, los españoles debieron rendirse, mejor dicho La Serna debió partir al Cuzco y abandonar esta Ciudad de los Reyes. El Callao también se rindió. Pero Cochrane no claudica, con el pretexto de los motines a bordo, se apodera del dinero del ejército. Tendría que fusilarlo, pero es mi segundo, el vicealmirante de la escuadra argentina y chilena desde que partimos de Valparaíso, él, en la fragata "O´Higgins", yo, en el navío "San Martín". Es valiente Cochrane, no lo dudo, pero lleva adelante su empresa porque en sus planes entran el poder, el dinero y la gloria. No se equivocaban Monteagudo y Rosa cuando me anticiparon los complots. Ellos ejercitan la guerra de zapa o sea el espionaje y me comunican todo lo que averiguan. ¿En quién confiar? Y ahora toda Lima me censura por haber condecorado con la Orden del Sol a las mujeres que sirvieron a la causa de la emancipación. Entre ellas Rosa y Manuela Sáenz, la amiga de Bolívar desde que él entró en Quito. El clero, como siempre, me critica. Ya en Tucumán, Manuel Belgrano me había anticipado sobre la iglesia católica en América del Sud, él, que era un buen católico. Pero hay curas libertarios, los que apoyaron la libertad de los esclavos y el fin de la Inquisición. Me agobian los calumniadores, el genio del mal que durante los siglos bárbaros justificó tantos desmanes. Eso me indigna. No quiero más catacumbas en las iglesias porque atraen las fiebres malsanas como en la costa. A mí mismo esta humedad me causa reumatismo. Por fortuna el doctor Paroissien me tiene preparado el láudano.

Paroissien es inglés, como el general Miller y Juan O' Brien, mi edecán, el de aire aventurero y con el que crucé varias veces la cordillera. Ellos pelearon contra Napoleón, como yo. A veces le digo a Rosa que peleé contra ingleses y franceses según las alianzas que hiciera el Rey de España y entonces ella abre sus ojos inmensos y azules y me dice que la política y el poder se mueven como molinos de viento.

–Así es –le contesto–, así es.

Pero ella tiene en el alma la libertad, Rosa jamás renunciaría a los ideales de su causa, que es la mía. Tantos extranjeros en los ejércitos de América: Bouchard, mi compadre Brandsen, Crámer que luchó en Waterloo, franceses todos que estuvieron en los ejércitos napoleónicos y que llegaron a estas tierras para unirse a los libertadores. Bolívar prefiere a los oficiales ingleses en sus filas, como los del Regimiento Albión que actuaron en Riobamba y Pichincha. Mis planes caminan sobre terreno inseguro. Ahí están las cartas de Bolívar que me proponen un encuentro.

Muchos años después San Martín pensará en la dispersión que ese encuentro causaría en las filas patriotas. Tantos héroes malogrados, muertos en la pobreza y en la indigencia, algunos en las peleas fratricidas. Tanta sangre derramada –pensará– y estamos como al principio, sin organización, extraviados, a merced de los poderosos del mundo que se asocian con los traidores que solamente piensan en sí mismos y en sus intereses. Como dijo Simón: "Hemos arado en el mar...".

La esperanza es ahora el Ejército de Colombia –pensó San Martín–. El Perú no tiene hombres suficientes para seguir la lucha, cedimos más de medio millar a las filas venezolanas y colombianas. Es el momento de pedir retribución y apoyo.

Releyó algunas cartas del Libertador. En todas ellas el general venezolano lo colmaba de elogios y le solicitaba una conversación.

Ya está decidido –prosiguió pensando–. Iré a Guayaquil a pedir refuerzos y si es necesario a ponerme bajo las órdenes de Bolívar. Hay que ahorrar vidas, es casi seguro que la guerra con los ejércitos unidos, termine antes de un año. Demasiado tiempo estuve en Mendoza aguardando las directivas del gobierno de Buenos Aires. Había que actuar. Sudamérica es muy extensa. Basta desplegar un mapa para saber a qué atenernos. Pobres compatriotas del Río de la Plata, no se dan cuenta de que pelean por un horizonte pequeño, levantando su espada contra el hermano, una lucha que no comparto ni compartiré jamás. Ahí están en una guerra fratricida, los que aclaman a la federación y los que se dicen unitarios. Federales, unitarios, rótulos de egoístas intereses que desembocarán sin duda en sangre y más sangre y venganza, como puede acontecer con la Revolución en toda América si no se organiza. Les escribí a los paisanos Artigas y López para que sean razonables, que busquen la unidad y depongan sus odios y rencillas personales, les dije que los maturrangos nos vencerán y no solamente los maturrangos, sino todos los europeos que miran esta tierra con codicia. Pobres paisanos míos, batallan sin cuartel por facciones irreconciliables porque obedecen a intereses particulares. Acá, en el Perú, en la Gran Colombia y el Alto Perú donde guerrea el ejército español, hay que echar mano de todas las estrategias bélicas, trazar las coordenadas, como en una geometría, para librar las batallas. A esta campaña la tuve en mi mente, antes, mucho antes de llegar a Buenos Aires en la hermandad de la Logia. Todo es matemático, como aprendí en el Regimiento de Murcia peleando contra los franceses o los ingleses según estuviera en el trono Carlos IV o su hijo Fernando VII. Indagué la estrategia del ejército napoleónico, fui alumno de Ricardos y ejercité las mejores tácticas en Bailén, cuando vencimos a los franceses. Cierro los ojos y me acuerdo de Lord Wellington trazando los objetivos sobre un mapa, uniendo las líneas de ataque y defensa con reglas y compases. Siempre soñé con formar una escuadra. Ahí están anclados los transportes con los que zarpamos de Valparaíso con sus cargas de balas, fusiles, cartuchos, municiones, herramientas, granadas de obús, barriles de pólvora, cañones, caballos, imprenta para proclamas, charque y galletas. Me parece verlos a los coroneles y escribanos del Cuartel de Guerra y capitanes del Estado Mayor. Y las naves, las queridas naves, algunas de las cuales habían sido sustraídas a España en la guerra de corsos. El ejército partió en el navío *San Martín*, las fragatas *O'Higgins* y *Lautaro*, la corbeta *Independencia*, los bergantines *Araucano* y *Galvarino* y mi preferida, por ser liviana como el viento, la goleta *Moctezuma*. Dieciséis transportes y siete naves. Íbamos hacia la bahía de Paracas bordeando la costa árida y blanca del Pacífico, con sus rocas y sus espinillos. Fue apoteósica la partida desde Valparaíso. Yo contemplaba la flota que izaba sus velas hacia el norte.

Ahí está el Pacífico, su costa larga y perfecta, como un dibujo de esfumino y que yo contemplaba desde la proa cuando salimos de Valparaíso. Me veía a mí mismo dibujando y pintando cuadros marinos cuando era un jovencito en Málaga. Todo había sido rápido una vez que cruzamos los Andes, Chacabuco y la sangrienta Maipú y yo volviendo en secreto a Buenos Aires para ver a Remedios, doña Remedios de Escalada, mi mujer, tan frágil siempre. Ella estará ahora con mi pequeña Mercedes en los brazos, esperándome. Pero sé que estamos muy lejos, por el espacio y los deseos de cada uno. Fue rápido pero los tiempos de la guerra no son los mismos que los tiempos de la vida común. En Mendoza me estancaba, enfermé cuando despedí a Remedios con sus pulmones maltrechos junto a mi hija. Y desde Buenos Aires me prohibían seguir la campaña al Perú. La fiebre no me dejaba, como en Tucumán, cuando el doctor Collisberry que atendía mi gastritis, creyó que estaba tísico. Los dolores en el pecho y en la espalda eran como un puñal. Pero en Mendoza estaban Alvarado, Mariano Necochea y Fray Luis Beltrán que me prepararon una angarilla y un botiquín con el opio y el láudano y me dijeron:

–General, ahí están las mulas y la camilla, levántese, que lo llevamos a Chile para que arme su escuadra para salir al Perú.

Ah, Paracas, la bahía, las naves serenas, Arenales y Mariano Necochea desembarcando las tropas, la infantería, la caballería, los cañones, los caballos, las mulas, la pólvora, la imprenta, la vestimenta y los víveres. En Mendoza estaba empantanado, por eso enfermé, no iba a cumplir con mi plan hasta ese momento casi secreto. En Mendoza le dije a Rondeau que no, que no iría con mi ejército a defender Buenos Aires. Le dije que estaba enfermo, que había estado tomando baños termales en Tunuyán por mi reumatismo y que pasaría a las Termas de Cauquenes en Chile para curarme. Y era cierto. El Doctor Collisberry que me había atendido en Tucumán cuando tuve vómitos de sangre, me acompañó. El doctor Collisberry cruzó conmigo la cordillera y, para asistirme, cruzaron también sesenta paisanos.

Por fin llegamos al Perú. Entré en Lima rendida, sin disparar una sola bala. El Marqués de Montemira me recibió en el Cabildo. El Virrey La Serna había ya partido hacia el Cuzco. No había resultado la conferencia de Punchauca, donde se habló de un príncipe para el Perú. Yo no quería derramar sangre. Lima comenzaba a sufrir hambre por el cerco que le habíamos hecho. Entonces le ofrecí a La Serna un acuerdo, la declaración de la independencia e ir a España a buscar a un infante para reinar en esta tierra. Aquí son monárquicos. Confié en la liberalidad del Virrey, al fin y al cabo las ideas liberales son para todos, incluso para el Rey de España donde se inclinaba ya la balanza por los partidarios de la monarquía constitucional. Mi corazón habló y pensé en un heredero Borbón o de otra casa real para el Perú. Pero todo fracasó. Tantos trabajos. Arenales había vencido en Pasco a pesar del soroche, la altura y el frío. Después de Pasco ganamos al Mariscal Andrés de Santa Cruz para nuestra causa. Pero el ejército se diezmaba por las fiebres tercianas en las costas del Perú y había que mantener el orden en Lima, la conmoción por la liberación de los esclavos, la pobreza, los robos a los que debí castigar con severidad, las venganzas, el desencuentro de familias, de tantos realistas que quedaron sin bienes, de hijos que se habían enfrentado a sus padres, de hermanos que habían militado en los bandos contrarios. Si el acuerdo de Punchauca hubiera resultado, la guerra en toda América habría terminado, porque el Perú era el virreinato más poderoso y rico de España.

Terminar la guerra cuanto antes, es lo que le pediré a Bolívar, tanta sangre derramada y tanta miseria sobre nuestros pueblos.

Ahí están las otras cartas de Bolívar. Dicen todas más o menos lo mismo. Anhela conocerme. Nuestro primer encuentro fracasó a principios de este año cuando abordé la "Moctezuma" para reunirme con él, pero a último momento llegó la noticia de que el Libertador enfrentaba graves complicaciones.

Ahora nos veremos en Guayaquil. Rosa me prepara mi mejor uniforme y se emociona porque el encuentro será en su patria. Me pide por su tierra, me dice que su patria debe pertenecer al Perú o que la declaremos libre. En sueños, Rosa habla de Guayaquil, sé que habla de Guayaquil por los nombres que evoca. Tal vez se acuerda de su padre y de las plantaciones de cacao y café, de la bahía dormida poblada por navíos, del Guayas y tal vez sueña con el canto de su madre, hija de negros y blancos, la Felipa Cornejo, que la arrullaba. A veces yo también sueño con mi tierra misionera con altos árboles y yerbatales, con los frailes y con voces extrañas a las que sin embargo recuerdo porque son de las lenguas guaraníes de mis ayas indias y de los indios de las haciendas y encomiendas que gobernaba el Capitán General del Rey, don Juan de San Martín, mi padre. Entonces, remotas, muy remotas, llegan las canciones de mi nodriza india, la Rosa Guarú Cristaldo que me hamaca en sus brazos morenos, los ritmos marciales que entonaban mis hermanos anunciando su destino de soldados y el rostro traslúcido de María Elena, mi hermana, que me busca.

Pienso en el encuentro con Bolívar. Él es sin duda un libertario, lo sé, como los Caballeros Racionales o los Hermanos de la Logia Lautaro, que creemos en La Razón y la Luz Universal, como el mismo Miranda. Él se basa en los lemas sagrados de Liberté, Egalité, Fraternité. Le propondré mi plan directamente, sin rodeos. Necesito soldados. En el Alto y Bajo Perú, los realistas tienen veinte mil hombres, nosotros, con suerte, reuniríamos solamente nueve mil.

El Protector del Perú como pedí que me llamaran y no Dictador, ni Majestad, ni Virrey, será el huésped del Libertador durante unas horas. Tendré que abordar desde el Callao la "Macedonia" o la "Monctezuma" para navegar hacia Guayaquil. *Alea jacta est.*

II.

Rosa de Guayaquil

Todo es un esfuerzo ahora –continuó pensando San Martín– porque mi cuerpo a veces retorna a sus reclamos y desea el reposo. Claro que nunca como me pasó en Tucumán. Debía poner orden en el Ejército del Norte. A pesar de Tomás Guido, de Dorrego, de Díaz Vélez, era necesario instaurar la disciplina de un ejército diezmado y vencido. Belgrano se puso bajo mis órdenes y tuve que suspender a Manuel Dorrego tan tumultuoso como siempre, por referirse a él de manera irrespetuosa. No había tiempo para formar a la tropa. Hubo que apelar a la guerra montonera. Si no hubiera sido por los gauchos de Salta y Jujuy comandados por Martín Miguel de Güemes, la libertad de la patria se hubiera perdido, así es, definitivamente se hubiera perdido. Me lo mataron a Güemes, unas semanas antes de que yo entrara en Lima. Él y sus 8.000 hombres tendrían que haberse desplazado por tierra, por al altiplano de Bolivia, hasta el Perú. No ocurrió así. ¿Qué fuerzas extrañas y qué movimientos en el tablero de la guerra y del poder no lo permitieron? Lo mataron a traición. Pero estaba decidido: Güemes y sus hombres baqueanos formaban el ejército más experimentado y bravo para desplazarse entre montañas y sierras, entre montes y desiertos. Ese ejército hubiese sido mi mejor aliado. Y él mismo, hubiera actuado como mi mano derecha, por su sagacidad e inteligencia estratégica. Llegué a pensar que podía ser mi sucesor en el mando del ejército. Pobre Güemes, tan joven, dejó a su esposa sumida en la tristeza y a sus hijos huérfanos. Y a todo un ejército. Huérfanos. Sí, huérfanos.

Era necesaria una Academia Militar para formar a los oficiales en el Ejército del Norte pero la premura no permitía nada de academias. Debí dejar Tucumán por los vómitos de sangre que se parecían tanto a los síntomas de la tisis...

Ahí está Rosa, que me dice:

–Ah, general, siempre desvelado, siempre escribiendo esa interminable correspondencia de Protector del Perú, sin tiempo para mí, que es el mejor tiempo para usted.

A veces Rosa le arma sus cigarros y mientras él fuma, ella piensa que si no fuera por su compañía, el general enfermaría aun más.

Piensa Rosa: De noche tose, tose mucho y entonces yo lo abrigo, pero es reacio este granadero mío, sólo piensa en sus batallas, sueña con sus batallas. No me cuenta sus sueños pero lo persigue siempre una pesadilla; muchas veces lo oí hablar dormido de un puñal que le clavan muy cerca del corazón. Se lo pregunté una vez y me contó que en España, unos salteadores lo habían atacado para robarle y lo habían herido en el pecho. Eso volvía una y otra vez en las noches cuando estaba nervioso y fumaba mucho.

–Tal vez este sueño sea premonitorio –me dijo sonriendo–. Y entonces yo le dije que callara, que guardara silencio y le preparé su láudano. A menudo me dice que La Magdalena es su edén, con sus flores y árboles frutales, porque él sueña con ser un agricultor, un campesino con su azada trabajando la tierra. Nunca me pregunta por mi vida pasada, aunque sabe que fui una espía y que llegué a Lima con un general realista que me amaba y al que no le interesaba mi origen de hija ilegítima, aunque mi padre ya me había reconocido y otorgado su nombre de rico propietario. Llegué a Lima de la misma manera como llegó Manuela con un marido inglés que hubiera dado la vida por ella. El general se asombró cuando le hablé de Rousseau, y cuando bailé con él me dijo que amaba ya mis ojos azules. Pero nadie sabe lo que es él en la intimidad, nadie imagina lo que es este hombre. A un hombre así, solamente se puede amarlo. Me cubrió con su mirada la noche en que se celebraba la independencia. ¿Qué otra cosa puede anhelar una mujer que la de ser mirada de ese modo por alguien tan elevado? Entonces me dijo a mí, a Rosa Campusano Cornejo, que iba a ser su Protectora y que iríamos a La Magdalena. Desde ese momento olvidé mi origen, casi olvidé mi nombre, y me convertí en su Protectora.

Han llegado noticias de Quito –piensa Rosa– que cuentan que Manuela Sáenz también esperó al Libertador para arrojarse ante sus pies y ante sus ojos. Con Manuela trabajamos por la libertad, pertenecemos a la causa de la revolución y no desertaremos jamás. Manuela es hija de una gran dama y fue educada por las monjas conceptas y las del colegio Santa Catalina de Siena en Quito. Es de mi misma edad, no sé si unos meses mayor o unos meses menor. Yo tengo ahora veinticuatro, casi como Remedios de Escalada. El tiene cuarenta y tres. Pero somos iguales, soñamos lo mismo, queremos lo mismo. A veces pienso en Remedios, y me pregunto cómo es ella. Es la madre de su hija y eso basta, eso basta…

–Rosa, tuve una niñera, se llamaba Rosa como usted, era de la tribu guaraní. Recuerdo a Rosa, morena y ágil, alegre y generosa, una mujer a la que solamente se puede amar porque toda ella es amor –me dijo él–. Mi madre y Rosa son los seres más dulces y bondadosos que conocí en toda mi vida.

–¿Y la otra morena? –le pregunté–. La negra Jesusa, la criada de Remedios, en Mendoza y Buenos Aires y que se fue contigo a Chile, ¿cómo era?

–No lo sé –me contestó– no lo sé, porque no la conocí salvo como criada de Remedios. Sé que se casó y tiene su familia en Mendoza. Pero, querida Rosa, ¿cómo sabes todo eso?

–Suramérica es una sola, y los chasques y los chismes corren parejos desde Mendoza hasta Lima, hasta Oruro o el Potosí o más arriba, hasta el Guayas y Caracas... Uno solo, un solo continente. No, no son celos de Rosa por Remedios –piensa él–. Ella no puede tener celos, aunque a veces parece desencajada cuando se acuerda de Fermina González Lobatón y su hijo, el pequeño Domingo. Rosa está convencida de que ese niño es hijo mío. Por las fechas, dice, todo coincide. Y es cierto, al poco tiempo del desembarco en Paracas, el ejército se estableció en el Huaura, valle fértil, pleno de verdor, de plantaciones de caña de azúcar y maíz. En el Huaura está la estancia de Fermina, su ingenio, en donde pernocté tantas veces y amanecí sorprendido por el ruido monocorde del trapiche y el canto de los negros que trabajaban en la zafra. Aire tibio el del Huaura, un paraíso de mangos, chirimoyos y plátanos, dalias y rosas. Fermina me abrió su corazón y fui feliz con ella. Fermina, me parece verla debajo de la galerías de su finca, esperándome, vestida de blanco y con su abanico de seda. Pero Rosa no puede estar celosa ahora, no lo estará nunca más. Ella es un ser libre, exceptuado de la curiosidad femenina, un ser único.

San Martín creía que podría descansar un poco y tornaría a Lima para reunirse con su Estado Mayor y los cabildantes para organizar las actividades del día siguiente. Fueron en la carroza del Virrey. Rosa llevaba un vestido de raso dorado, zapatos de seda del mismo color, guantes y sombrilla de encajes. En sus dedos lucía un par de anillos de oro con diamantitos que él le había regalado.

–Usted me gusta cuando está vestida así, tan elegante, pero también me gusta cuando usa traje de entrecasa y cofia –le dijo San Martín al subir al carruaje–. A lo lejos se veían las murallas de Lima, la ciudad del Rimac, Lima, la invencible, pero que se había rendido ante la estrategia de San Martín. Cocharne había sumado a su temeridad la toma de la fragata "La Esmeralda" y Arenales había triunfado en la sierra. Eran momentos gloriosos. El asedio a Lima había sido planeado minuciosamente, quizás durante años, quizás durante toda la vida del general.

–Mi apellido viene desde las Cruzadas, alude a San Martín de Tours, el guerrero romano que partió su capa para entregársela a un mendigo. San Martín de Tours, el santo francés que es el patrono de Buenos Aires, esa tierra amada a pesar de sus muchos defectos –dijo él–. Viví parte de mi infancia en Buenos Aires, en Montserrat, aprendí las primeras letras allí, antes que mis padres y mis cuatro hermanos nos embarcáramos hacia España. Mi padre tenía derecho a portar blasón nobiliario pues había sido Gobernador del Rey pero tuvo Juicio de Residencia por ser demasiado duro con los indígenas. Fui al Colegio de Nobles de Madrid. Ah, Rosa, yo amaba las matemáticas y los idiomas, me gustaban la música y la pintura. Mis padres no lo supieron nunca pero esta biblioteca que usted ve y que va conmigo, la compré con la venta de mis pinturas. Era como ofrendar algo de mi ser a los dioses de la belleza y la armonía, yo, que había elegido el camino de las armas como mis otros hermanos. Pero la guerra que aprendí es cerebral, matemática, lógica. Por eso pude planear la toma de Lima sin disparar un solo tiro, sin derramar una gota de sangre. Pude combinar las acciones del ejército con la inteligencia, usted lo sabe mejor que yo.

De regreso, ya en el salón de La Magdalena, él se quitó el bicornio y ella lo ayudó a sacarse el chaquetón de paño azul con botones dorados. Rosa pensó que era el general más hermoso de la tierra. Cerró los ojos y lo vio el día de la Independencia cuando hizo jurar a la muchedumbre reunida en la plaza la bandera patria. Esa misma noche, él le había dicho:

–Señora, la sigo a donde vaya, seré su Protector.

–Y usted no estará nunca más solo –contestó ella.

Entonces subieron a la carroza y Rosa solamente oyó su voz. Esa voz la guió hacia un sitio desconocido. En los brazos de su general, Rosa nació de nuevo. El también nació de nuevo. Cuando ella despertó, se encontró en un lecho con sábanas de hilo de Holanda y cobertor de terciopelo. Miró en torno de sí y se vio reflejada en el gran espejo con marco dorado. Sentado, inclinado sobre su mesa de trabajo, el general estaba ya levantado escribiendo su interminable correspondencia y ordenando sus papeles mientras fumaba y una nube de humo lo envolvía.

–Chile es un castillo –le dijo–. Chile está resguardado por el Pacífico y la Cordillera. Desde ese castillo salí a envolver al ejército realista. Se necesitan castillos y fortalezas, barcos e infantería para triunfar. La campaña está resuelta. Pero la guerra continuará durante mucho tiempo porque ya surgen las rencillas internas. Yo no estoy dispuesto a fusilar a nadie.

Esa imagen le devolvió a Rosa algo que ella no alcanzaba a vislumbrar pero que la completaba. Ese hombre era su vida, su vida total, su cumbre, su revelación. Después de ese instante, de ese todo, sólo podía aguardar la caída.

Ella lo había visto contemplar con su catalejo las murallas del Callao, trazando mapas, anotando, observando informes de sus lugartenientes, clasificando documentos meticulosamente para planear los nuevos pasos. Había que tomar El Callao para proseguir la lucha. Pero Rosa sabía que la lucha no finalizaba con cañones y sables, la lucha también se hacía con negociaciones y política. Lo sabía y lo confirmó definitivamente cuando San Martín se despidió de ella para siempre luego de Guayaquil.

Ama el mar –pensó Rosa–. Lo veo a veces dibujando barcos, lo vi en El Callao pintando los buques de la flota con óleo, como un artista. En su biblioteca hay libros de arte y de navegación. Es un almirante, un marino. Yo lo acompaño. El me dice que soy distinta de Remedios. Tal vez porque amo lo que él ama, sus libros, sus pinturas, sus armas, sus barcos. Amo sus libros, sus libros en francés y en inglés. El suele leerme largos párrafos en francés; que es su segunda lengua, me dice. Habla con Manuela Sáenz en francés y en inglés. Se acordaba de su paso por Londres, por Provenza y los Pirineos, de su entrada triunfal en Madrid después de Bailén. Tantos recuerdos en ese cuerpo todavía tan joven, en esa mirada de fuego. Cierro los ojos y me dejo llevar por su voz, melodiosa y varonil, la voz de los discursos y las proclamas, de los apóstrofes y exclamaciones, de los vítores, la misma voz que me susurra al oído palabras de amor.

A veces San Martín creía que sin Rosa todo sería más difícil, imposible. Una tarde rememoró su historia con ella y se acordó de algunas conversaciones.

–Manuela preparó todo para la entrada de Bolívar en Quito –le dijo Rosa–. Manuela es hija de un hombre rico y de una señorita de alta cuna, es fruto, quizás, de un adulterio. Ella es muy reservada, no habla jamás de su intimidad, solamente sé que está casada con un médico inglés que la trajo a Lima pero al que no ama. Manuela fue educada como educan las familias privilegiadas de Quito a sus hijas: en un colegio de monjas donde aprendió francés, inglés, tejido, bordado, poesía y música. Manuela es única por sus lecturas. Yo la admiro y la quiero muchísimo –continuó Rosa–. Cuando el Libertador entró en Quito, ella le arrojó un ramo de flores desde el balcón. Estaba escrito, ellos debían encontrarse.

Yo sé que Manuela era una espía, como Rosa –pensó San Martín–. Trabajaban para la Causa Libertadora de Nueva Granada y el Perú. Las veo atravesando las calles de la ciudad y a veces los senderos de sierras y desiertos. Qué distintas son de Remedios que tenía terror a las armas y que no disimulaba su espanto ante los estampidos de la pólvora y los cañones. Una vez vi que Rosa acariciaba los fusiles y las bayonetas como si fuera una madre acariciando a sus hijos, o una amante a su

33

amado. Las manos de Rosa, tan suaves, saben calmar, tejer y bordar como las diosas. Me prohibió coser o zurcir mi ropa.

–Mi general –me dijo–, desde hoy yo arreglaré sus chaquetas y camisas, nunca más quiero verlo tomar una aguja. Entonces renuncié a mi vieja costumbre de soldado de arreglar yo mismo mi ropa.

En uno de nuestros encuentros le dije que estaba radiante como el sol de Lima y que juntos nos iríamos algún día a vivir nuestro amor en un rincón oculto de la tierra. Ella me abrazó y me contestó que la *Macedonia* estaba aguardándome. Entonces sentí un mareo y un dolor agudo en el costado. Rosa corrió hacia la mesa de noche y preparó el láudano. Luego salió y regresó con una taza de café que bebí ansioso.

Ella sabía que estaba enfermo, me oía toser por las noches, levantarme presa del insomnio y ponerme a escribir la correspondencia para ganar tiempo.

Yo había ya establecido las prioridades de la entrevista:

Primero: Tratar sobre los refuerzos necesarios para terminar la guerra. Los españoles tenían más de diez y nueve mil hombres en el Alto y Bajo Perú. Nuestros ejércitos apenas llegaban a ocho mil quinientos.

Segundo: Convencer a Bolívar sobre necesidad de la anexión de Guayaquil a la República del Perú, a pesar de que él se adelantó y ya tomó Guayaquil para Colombia, lo que valió la cárcel y el destierro de muchos patriotas guayaquileños.

Tercero: Unir a los ejércitos del Norte y del Sur y definir rangos y responsabilidades de los jefes.

Cuarto: Acordar la posible forma de gobierno para estos pueblos, sobre todo para el Perú, con una nobleza arraigada y con antiguas tradiciones y costumbres.

No me hago ilusiones. El encuentro será breve como conviene a una conversación entre militares, pero estoy casi seguro de que esa incógnita que es Bolívar me pondrá frente a mis propias dudas y enigmas. ¿Hasta dónde somos capaces de renunciar a nuestros planes y a nuestra fama? ¿Hasta dónde somos capaces de delegar? ¿Qué le espera al continente? ¿Quién conducirá la lucha final y la liberación definitiva? ¿Quién es Simón Bolívar? ¿Quién soy yo mismo puesto ante tales disyuntivas?

Sabía mis límites aprendidos en la moral rígida del ejército español durante todos los años en que serví al Rey, en la disciplina que también inculqué a mis soldados, desde el cadete, hasta el liberto, el regimiento de pardos y morenos, el húsar y el granadero, pasando por todos los oficiales. Regla de oro de la disciplina, jamás pasar los límites, ni siquiera en la broma distendida del vivac.

Pero estoy persuadido, por lo que me dijo Rosa, de que encontraré en Bolívar algo distinto. El Libertador, dice Rosa, se comporta como un demiurgo, un mago, una divinidad. Sé que ejercita el poder –siguió pensando San Martín– con la palabra del misterio. Usa el apóstrofe y la hipérbole. Yo en cambio redacto proclamas para que el pueblo las entienda, mi retórica es la de las masas. En Chile, debí alternar el castellano con el araucano y el mapuche, en el Perú, con el quechua. Proclamas de Libertad, Igualdad y Fraternidad. Esas palabras, esos conceptos, intento apresarlos, repetirlos, cuando me embarga la duda. Un militar no debe dudar, pero yo lo hago. ¿Cómo llevar adelante una guerra, cargar con el peso de tantas muertes si se duda? Tal vez yo no sea un militar nato, tal vez deba seguir el camino de la política, pero entonces los humores aprisionan mis sienes y mi frente, siento náuseas, un dolor me oprime el pecho y llamo a Rosa que me consuela. La duda es mi enemiga. ¿Cómo decirle a Bolívar que me encuentro ante una pregunta fatal, a él, quien, según los que lo conocen, no vacila ni ante las fuerzas del mal?

Hay un punto que presiento lleno de misterio aunque deseo encontrarme con Simón Bolívar sin ningún preconcepto, sin ningún prejuicio. Este punto atañe a la desmesura del continente, desmesura geográfica y social. Los Estados Unidos del Norte son extensos, pero su población es pareja. Temo que mis planes ordenados y dictados por el raciocinio se estrellen en la concepción militar y política que posee Bolívar.

Miller, Tomás Guido, García del Río y Luzuriaga, como así también Arenales, Alvarado y Eustaquio Frías me aseguran que no hay nada más promisorio que la situación actual del ejército chileno y argentino, con cerca de diez mil hombres que responden a mis órdenes, con la espalda cubierta desde Arica a Pisco por la campaña de los Puertos Intermedios que he planeado y que Miller y Cochrane llevaron a término, pero que está incompleta. Me hablan del afecto del pueblo. A mí me parece que el pueblo está feliz. Rosa recorre las calles de Lima como una tapada para oír las conversaciones en plazas y mercados. Yo mismo me disfracé de campesino para escuchar las opiniones de las gentes en las tabernas. Todo se presenta más o menos aceptable.

Hay que terminar esta guerra. Debo convencer a Bolívar de esta necesidad. La necesidad de ahorrar vidas. Detrás de este hombre disciplinado y marcial, hay un alma dolida por tanta sangre derramada, por tanta muerte y orfandad. No puedo olvidar los campos de batalla, cubiertos por cadáveres y heridos, por vidas jóvenes arrancadas a su amor, a sus padres, a sus hijos. Esta guerra debe terminar.

Después de Bomboná y Pichincha, de Carabobo y Riobamba, Bolívar estaba ansioso de una reunión conmigo, para acordar algunas cuestiones. Me había pedido refuerzos para el ejército de la Gran Colombia para continuar lo que se llama, desde el gobierno de Quito, la Campaña del Sur. Le envié los refuerzos. Le envié el Regimiento de Granaderos con Juan Galo de Lavalle a la cabeza quien con Sucre vencieron en Riobamba. Le pediré refuerzos para el Ejército del Perú, yo, que no debo ni he debido jamás nada a nadie, como retribución a la asistencia que hicieron mis tropas en Riobamba y Pichincha. Pero Bolívar también me señaló el peligro que representa para todo el continente Iturbide en México. Sin embargo lo que más lo aflige es la independencia de la provincia de Guayaquil, que representa para él una peligrosa anarquía. Le dije que me mantendré al margen de ese problema y él alaba mi nobleza al respecto. Mi sable no se desenvainará jamás en guerras y entredichos entre americanos y él lo reconoció y aceptó.

Sé de su admiración por el Ejército Unido y por el Cuerpo de Granaderos, sé de su optimismo triunfante para la América Meridional, pero ahora su ánimo se ensombrece por una cuestión de límites, por la región del Guayas.

Lo que más deseo es que ambos ejércitos puedan unirse para finalizar la guerra. Basta de muertos quemados en los campos de batalla, horror que algunos generales permiten, o cadáveres devorados por alimañas o aves de rapiña. Basta, basta de cementerios en las laderas y en los abismos de las montañas. Basta.

Invierno en Lima. Está próximo el encuentro con Bolívar. El aire helado que viene de la cordillera o del Pacífico seca las ramas de los árboles de La Magdalena. Rosa y San Martín, piensan que pronto deberán separarse. Una noche, mientras él escribía sus cartas y comunicados, ella comenzó a sentirse acosada por la angustia y la soledad de una mujer que sólo puede acompañar a un hombre poderoso. Un peón atizaba las brasas finales del fuego cuando San Martín se dio cuenta de que Rosa ya no estaba. Había huido a su habitación mientras él permanecía absorto en sus papeles. Corrió a buscarla. Tocó la puerta y ella no contestó. Entonces él entró de golpe, la abrazó y la besó entre sus enaguas y encajes mientras ella, cubierta de lágrimas, le decía:
    —¡Ay, mi general!
    Y él le contestaba:

–¡Ay mi Protectora!

Siempre le repite a Rosa que él no debe nada a nadie, que jamás debió nada a nadie, pero esta vez le pedirá ayuda a Bolívar, porque el auxilio es para la Causa, no para él, no para el general José de San Martín, él puede partir, puede borrarse, pero la Causa no, la Causa es la de toda Sudamérica y del pueblo sudamericano.

A veces permanece taciturno, pide su tabaco y lo corta, arma sus cigarros y mientras el humo lo envuelve, se ve a sí mismo inclinado sobre los mapas trazando los itinerarios de las expediciones y los planes de las batallas.

Tanta lucha, tantas vidas –se repite a sí mismo– Elegí ser soldado, estuve en Bailén, en el África, en Francia, en Los Pirineos, en San Lorenzo, en Chacabuco, en Maipú, esa batalla encarnizada, con tantos muertos. Estuve en medio de la sangre y la pólvora, del olor a pólvora y a sangre. Elegí esta vida, como mis hermanos y mi padre. No sé si eso es elegir. Maté, me hirieron, casi morí, volvía a pelear, me volvieron a herir y vi a la muerte de frente. Pero acá estoy, la Razón Universal o el Orden Supremo que todo lo rige me han situado en este lugar. ¿Providencia? ¿Destino? No, decisión irrevocable por las ideas que echarán los cimientos de un mundo nuevo, el mundo que otras generaciones vivirán. Esto es el fin de la oscuridad de la colonia, es el paso a las Luces. La duda no debe embargarme, no me embargará nunca, porque tengo la certeza de que esta lucha no es en vano, aunque a veces, el desaliento me carcome. No sé qué le ocurrirá a Bolívar, no sé si él duda sobre los hechos, no sé si pregunta el para qué y el por qué. Un soldado no pregunta, un soldado obedece. Un general obedece a su empresa, a su creencia, a su Absoluto, a su Razón, a su Proyecto, a su Luz. Ya veré quién es Bolívar finalmente, cuando nos encontremos frente a frente. Sé de su valentía e inteligencia pero yo dejo las cuestiones personales a un lado. Hubo demasiada sangre en esta guerra, demasiado sacrificio para detenerse en apreciaciones particulares. Sin embargo a veces pienso que para los dos será vernos como en un espejo, el libertador del norte y el libertador del sur, que al fin y al cabo es toda la América del Sud. Ese momento está próximo. Cada vez estoy más seguro de que será un paso definitivo, el último. Esta guerra terminará cuando nos estrechemos las manos, porque el continente está ganado para la causa libertadora hace tiempo. Solamente resta la unión entre el ejército de Colombia y el del Perú y Chile, ese paso es el final. Veré el rostro de la verdad, luego de años de fragor y batallas.

También en España habrá luz con los partidarios de una monarquía constitucional. Ay, España, qué pronto os abandoné para venir a esta tierra convulsionada, pero estaba escrito en el ideal revolucionario, el que juramos con Carlos de Alvear y Zapiola en Cádiz. La causa necesitaba soldados, gente que supiera hacer la guerra y me eligieron a mí. Ellos dijeron que era el militar indicado para llevar adelante un plan libertario. Dejé todo, dejé al ejército, mi gradación de coronel en las filas del Rey, dejé a España y a mi familia. Dejé todo, y aquí estoy preparando la última batalla, la definitiva y más decisiva de las batallas: el encuentro con Bolívar. Digo batalla o encuentro, que es lo mismo, porque no sé cómo será el otro, aunque ya me lo dijeron: es distinto Y yo pienso: tal vez sea parecido o semejante.

–Él es muy distinto de usted –dijo Rosa en un momento de confidencia–. No hay semejanza, salvo que ambos son Generalísimos, grandes Brigadieres de sus patrias y de las patrias que libertaron. No sé cómo será ese encuentro, no lo puedo imaginar. Usted es la Luz y las Ideas, la Fraternidad y la Igualdad. Lo veo junto al mar y al viento de Lima soñando con un continente nuevo, regido por otras leyes que no sean la Inquisición, ni la esclavitud, que es el mundo que yo conocí detrás de los enrejados de Guayaquil, como Manuela en Quito. Basta de penumbras, de sombras, queremos, mucha luz.

—Además ya está decidido —le confesó a Rosa— si el encuentro se convierte en desencuentro, me iré para siempre del Perú. Volveré a Chile y desde allí a Mendoza, a mi chacra de Los Barriales. Mendoza es un edén, el mejor lugar del mundo para vivir, con sus álamos dorados en el otoño y sus acequias. Allá cultivo vides y olivares como en *Las Geórgicas* de Virgilio que leía en la juventud y puedo ver el lucero de la tarde sobre los picos de la cordillera. En Mendoza nació mi hija Mercedes, la infanta, como le dicen mis enemigos, sobre todo los que son acólitos de Rivadavia que no vacilará en hacerme apresar si regreso a Buenos Aires. La llamé infanta a Mercedes en broma ya que algunas malas lenguas decían que yo iba a hacerme coronar rey…

Si él se marchaba, Rosa cuidaría de sus libros; ella se lo prometió. Como recuerdo, San Martín le regaló su leontina de oro.

—Es para ti, la más hermosa y valiente de las mujeres— le dijo—, una mujer que merece los mejores diamantes del mundo.

Rosa le besó las manos y guardó la leontina en su pecho. Siempre la llevaría anudada al cuello, aun cuando muchos años después comenzó a sufrir ahogos mientras su hijo Alejandro la consolaba en el piso alto de la Biblioteca de Lima donde vivía.

—Jamás me sacaré esa joya del cuello —le decía Rosa a Alejandro—. Jamás.

Rosa miraba los pensiles de Lima. Estaba desolada, pero algo muy profundo, como si viniese del mar o de otras vidas, le decía que pocas mujeres habían sido tan felices como ella y que pocas habían podido conciliar el amor por un hombre y una causa.

Eran las últimas horas en Lima, antes del viaje a Guayaquil. Llegó O´Brien y San Martín lo invitó a beber su infaltable café con bombilla. Conversaron un rato en inglés y O´Brien movía la cabeza negativamente. Había algo en el aire, como un presagio, y Rosa lo advertía.

Ella también se sirvió café con bombilla y luego se alejó bajo las parras y las higueras del huerto. Quería estar sola, muy sola y pensar en la despedida inminente.

III.
Guayaquil

Zimmermann respondió:
–Las explicaciones son tantas...
Algunos conjeturan que San Martín cayó en una celada;
otros, como Sarmiento, que era un militar europeo,
extraviado en un continente que nunca comprendió (...).
JORGE LUIS BORGES, "Guayaquil", *El informe de Brodie.*

"Vámonos" –dijo. "Volando, que aquí no nos quiere nadie"
GABRIEL GARCÍA MÁRQUEZ, *El general en su laberinto.*

Ya en aguas del Guayas, San Martín recibió una carta de Bolívar para asegurarse de que estaba allí. Guayaquil pertenecía hacía muy poco a la Gran Colombia como lo había determinado el mismo Simón Bolívar: ni independencia, ni República del Perú. El Libertador lo aguardaba. Él le sugirió que se encontraran en la goleta que lo había traído desde El Callao. Pero sin duda Bolívar deseaba que el Protector del Perú pisara suelo guayaquileño. Y así se lo hizo saber.

El Protector del Perú repasó toda la experiencia anterior con el Libertador. Una por una releyó las cartas que llevaba en su archivo. Prolijo hasta la obsesión, el general anotaba y clasificaba todos los documentos.

Lo habían recibido los edecanes cuando la goleta ancló. Se hospedó muy cerca del malecón y de la Casa de Gobierno. Al mediodía se reunió con Bolívar.

Simón Bolívar era un hombre excesivamente delgado. San Martín había pensado en un Napoleón. Se veían por primera vez. Tal vez el otro vio también algo distinto en su fisonomía, pues San Martín alcanzó a adivinar cierto asombro en su mirada. ¿Qué había esperado Bolívar de su apariencia, de sus ojos, de su andar? Hubo un momento de reconocimiento, quizás de estupor. Se abrazaron. Bolívar se mostró nervioso y siempre alerta, práctico, sin rodeos y sin proyectos sublimes. Era huesos y piel. Los ojos desorbitados, las manos frías y con callosidades por la espada, el pelo blanco que había sido ensortijado, las piernas doloridas denunciaban una salud quebrada. La tisis había hecho estragos en ese hombre.

Bebió una tisana y protestó con ironía:

–¡Estos médicos! Ya ha visto, usted, general, el estado de estas poblaciones, el escorbuto, el tabardillo, la fiebre tifoidea, y no falta la rabia en los animales. Hubo que sacrificar a cientos de canes por este mal. Y las supersticiones de los esclavos. Esta es la América por la que peleamos.

San Martín asintió. Le dijo que en el sur, tanto en Chile y el Perú como en el Río de la Plata, la naturaleza inclemente y el temperamento de sus habitantes también hacen lo suyo. Levantamientos, desobediencias y sobre todo desilusión, en cada provincia, en cada pueblo, en cada ciudad. Decepción por la sangre derramada y la falta de futuro.

¿Qué hacer? ¿Qué rumbo tomar?, se preguntó San Martín para sus adentros. El había pensado por su parte en la propuesta de Belgrano, un príncipe inca, una idea que ya había naufragado; pero existía también la posibilidad de un heredero de alguna dinastía europea. La responsabilidad ahora era un peso imponderable sobre sus espaldas, una capa de plomo, luego de haber hecho la guerra. ¿Qué aguardaba a América?

Era necesario terminar la contienda cuanto antes, su prolongación acarrearía infinitos males al continente. Ya se avizoraba la desgracia por las rivalidades entre los militares, los odios y las traiciones. Y en la Argentina, los intereses de Buenos Aires habían llevado a la peor de las desgracias en la gran frontera desde Atacama hasta Paraguay y desde Tarija a Tucumán, con el asesinato de Martín Miguel de Güemes, el general más valiente de las luchas independentistas, traicionado por propios y ajenos. Alguna vez él pensó en Güemes como su sucesor porque había demostrado con creces su hidalguía y su estrategia de guerra de guerrillas, acorde con los lugares inhóspitos y duros donde combatía. General de gran inteligencia, joven y abnegado, héroe de Suipacha, se enfrentó con el poder de Buenos Aires. Casi nadie, salvo los más cercanos, lo sabían: Güemes debía haberlo acompañado con sus escuadrones montados por tierra mientras el Ejército Libertador navegaba desde Chile al Perú. Como una pinza, Güemes y sus guerrilleros gauchos que eran cerca de 8.000 hombres hubieran cercado a los realistas, la victoria hubiese sido completa y se habrían ahorrado muchas vidas. Ese plan no se pudo concretar porque mataron al general Güemes. El peligro crecía. El ejército real podía, sin el ejército gaucho en la frontera con el Alto Perú, entrar cómodamente en el Río de la Plata. Pero Buenos Aires no lo entendía. Tampoco le importaba, mientras hiciera buenos negocios con Inglaterra y con Francia.

Entonces, el Protector del Perú le dijo abiertamente a Bolívar:

–Hay que terminar esto cuanto antes.

Bolívar lo miró entre interrogante y asombrado. ¿Qué les aguardaría si se apresuraban a terminar la lucha? No, no era posible. Los refuerzos que San Martín le solicitaba eran demasiados. No podía dejar desguarnecido el territorio de la Gran Colombia y menos ahora a Guayaquil. Era un riesgo.

– Las estrategias deben ser pragmáticas, dentro de un plan, permítame el calificativo, general, un plan matemático –dijo San Martín.

–Usted es un hombre cerebral –contestó Bolívar–. Yo, en cambio, me rijo por las intuiciones, las pasiones de los pueblos. Y camino de acuerdo con sus imperativos.

–Usted hizo una campaña brillante, general, de alta estrategia –contestó San Martín–. Por eso, y perdone, no pretendo aconsejarle, la pasión no debe obnubilar nuestros planes. Pero, eso sí, estoy íntimamente convencido de que se debe finalizar la guerra pronto, de lo contrario la anarquía y el dolor por los muertos, la violencia y la pobreza, harán estragos. Ya lo están haciendo. Necesito refuerzos, general –concluyó.

En medio de la conversación, San Martín vio al otro, vio sus manos afiladas y pálidas, la piel curtida por la intemperie, vio su extrema delgadez y su palidez de muerto, los ojos abiertos por la atención y el insomnio y, tal vez, por el dolor, Sí, él sabía que Bolívar sufría de dolores, bastaba con mirarlo. Además lo sabía porque había presenciado los vómitos de sangre de Remedios, sus temblores, sus ahogos. Bolívar estaba igual. La tuberculosis lo llevaba a la tumba.

Era el otro, era su espejo. Era él mismo caminando hacia la tumba con un séquito de oficiales, de soldados, de criollos y de negros. Era él mismo tomando su láudano, vomitando en la noche y en las madrugadas, era él mismo helado por las fiebres mientras lo transportaban a través de la cordillera con sesenta paisanos. El otro estaba allí: afiebrado, pero altivo, dolorido pero inclaudicable. Era el rostro de la batalla, de la guerra y la decisión por la libertad.

–A usted, general –dijo Bolívar–, lo guía Minerva, porque es un gran alumno de Lord Wellington. A mí me dirige Marte. Son las reglas de este continente.

–A usted lo guía también la Razón, mi querido general, la de la Suprema Logia que nos tuvo por discípulos y hermanos. Las Logias de Cádiz y de Londres. No será difícil ponernos de acuerdo –contestó San Martín.

–Creo que usted es además un estadista –aseguró Bolívar–, un estratega brillante, como Napoleón, a la europea. Además usted es un político y tiene razón.

Pero la sangre y la historia, este torrente que es América y que quizás el general no comprenda del todo pues viene de España, a pesar de ser hijo de las Misiones que reverencio. Yo sé que su amor por esta patria es desmedido como el mío y está dispuesto a todos los sacrificios. La América del Sud, nuestra amada madre y hermana, exige el sumo sacrificio.

–La guerra debe terminar –afirmó San Martín–. Me pondré bajo sus órdenes, señor. Y podremos por fin hacer flamear el pabellón de la libertad desde Caracas a Montevideo, desde Lima a Buenos Aires. Pero no se haga ilusiones, general, los realistas poseen el doble de veteranos. Debemos unir nuestros ejércitos. Ya sabemos que la Gran Colombia, el Perú y Chile correrán con gastos y pertrechos, porque Buenos Aires nos ha abandonado. Buenos Aires mira a Europa. La historia debe escribirse sin ella. Mejor dicho, ella me empuja a actuar solo.

Bolívar pensó que sin duda Buenos Aires no soportaba la idea de una América del Sud unida, un gran estado, y por eso había quitado el apoyo al Ejército Libertador, porque era una ciudad de mercaderes ricos, en manos de un obcecado representante de la burguesía porteña, equivocado y altivo: Bernardino Rivadavia. A él y a Buenos Aires no les interesaba América. Entonces comentó:

–Me imagino su contrariedad y sobre todo la desprotección que sienten las fuerzas a su cargo. La patria por la que luchan les vuelve la espalda... Perdone, no soy quien para aconsejar a una eminencia militar e intelectual como usted. Pero, y disculpe que lo diga sin rodeos, cuídese, general, cuídese de Rivadavia...

–No hay más ciego que el que no quiere ver –acotó San Martín–. Y muchos en mi patria están ciegos. No pueden comprender que la guerra contra España y el Rey continúa. Se sienten a salvo. Quieren las luces, los libros, las universidades, solamente para ellos. El continente, allá...allá lejos...Buenos

Aires nos deja solos. Lima está vapuleada por facciones irreconciliables, en Chile nos difaman. Solamente queda la Gran Colombia y su ejército para auxiliarnos. Hay un camino, por cierto: unir los ejércitos bajo un solo mando: el suyo, general. Bolívar lo miró como lejano. Algo pasó por su mente y tuvo la certeza del gran corazón de San Martín que denunciaba la indiferencia del Río de la Plata, de esa Buenos Aires compleja y que le había quitado el apoyo y, a la vez, su preocupación por la patria por la que había dejado su prestigiosa carrera en el Ejército del Rey. Bolívar vio en los ojos de su ilustre huésped el brillo de la decepción y advirtió, sin duda alguna, el dolor del argentino ante el juego centralista y antiamericano del gobierno de Buenos Aires que no vacilaría en hacer valer su hegemonía en todo el continente. Más aun, comprendió que si aceptaba el ofrecimiento de San Martín, los oficiales de ambos ejércitos caerían en una rivalidad imparable, producto de orgullos y sentimientos locales. Eran previsibles los enfrentamientos en el seno de las tropas: bolivarianos y sanmartinianos, pensó, un triste panorama que agregaría más desencuentros y violencia, más rispideces y debilidad ante la Corona de España. Superó un primer momento de duda y confesó que su delicadeza le impedía aceptar el ofrecimiento de San Martín de ponerse bajo sus órdenes.

–Para mí –aseguró San Martín–, terminar la campaña a las órdenes del Libertador de América del Sur, sería el colmo de la felicidad.

Mientras decía esto, San Martín vio en ese espejo que era Bolívar su cifra definitiva. No dijeron nada más. Se abrazaron. Eran ahora dos caminos que se abrían para decidir el futuro de la lucha. El futuro de la patria grande sería por cierto Ayacucho y Junín. Y sería Bolivia libertada y el asesinato por la espalda del Mariscal Sucre, la renuncia definitiva de San Martín, el desmembramiento de los ejércitos, la decepción, el retorno de

Arenales, Guido, Luzuriaga y Alvarado a la Argentina, el crimen de Monteagudo en Lima, la guerra civil. La libertad se escribía en sus cuerpos, los moribundos, los heridos, los muertos en las batallas, esos campos de dolor. La guerra. La batalla. La carga. La derrota y la gloria. Todo, todo eso los unía. Bolívar y San Martín se miraron y comprendieron. No había retorno. Otra vez se reunirían, por la tarde, y hablarían de las dinastías de Europa dispuestas a gobernar América. Al día siguiente conversaron un poco más y llegó el momento de la cena y de la música. Otra vez el espejo. Bolívar estaba vestido de gala pero aun así se advertía su debilidad. Luego de la comida y los brindis, San Martin sintió una opresión en el pecho, el asma, el ahogo que había sufrido tantas veces. En los espejos de la sala se vio y vio al otro, al grande, al único, al general capaz de llevar al ejército a la victoria, pero vio también el fin, el oprobio, el desenlace y la desilusión, la certeza de la muerte que sería impiadosa y prematura para el venezolano.

–El temperamento de estos países nos llevará a la muerte –dijo San Martín.

No acabó de pronunciar esas palabras cuando advirtió la desdicha de Simón Bolívar. Advirtió el desenlace, el camino final por el Magdalena, la envidia, la incomprensión, el odio, la ingratitud y el descreimiento que lo llevó a decir unos años después que había arado en el mar... Todo el ejército libertador se diezmó y se disgregó, la Gran Colombia se descuartizó. Y Simón Bolívar debió ir hacia Cartagena con lo poco que le quedaba, o sea sus granaderos, su asistente, su Manuela Sáenz, su edecán Wilson, su cocinera, sus baúles vacíos. Iba a embarcarse hacia Europa pero murió, porque los pulmones ya no le resistían. A pesar del esfuerzo de los médicos, se impuso en esa batalla definitiva el triunfo de la fiebre, del delirio, de las hemorragias y los vómitos.

–Me voy –dijo el general a sus edecanes–. Me voy. Esto ha terminado para mí.

IV.
La biblioteca de Lima

Hazme saber tus males o tus bienes;
escríbeme, Abelardo, yo lo pido.

Cartas de Abelardo y Eloísa

Atardece ahora. Los azahares me regalan su perfume. No vendrá Alejandro. Vendrá en los próximos días con su amigo Ricardo Palma. Próximos días. *Carpe diem. Tempus fugit.* Es lo mismo. Porque el tiempo está quieto. Nuestros cuerpos pasan, nuestra mortalidad pasa. Recogeré jazmines para los jarrones de las galerías, para mi mesa de trabajo, donde cosía y escribía poemas. Ahora veo poco. Mis ojos se han gastado en esa mole que llamamos tiempo. Tiempo. Cronos. Os amo a pesar de todo. Amo único e invencible. Allí está Cronos. Piedra eterna. A esta hora cantan los salmos de la tarde en las iglesias de Lima. El tiempo está detenido sobre la ciudad. Así era en Guayaquil durante mi juventud. En el colegio de monjas. Y mi padre don Francisco Campusano y Gutiérrez venía a visitarme y me traía los dulces que había hecho mi madre para mí. Y después en su carruaje me llevaba a la hacienda. Qué aroma a palmas y cacao, qué aroma entre los sembradíos con los esclavos que trabajaban de sol a sol. Pasó todo. Está todo en el Amo Tiempo. Eternidad. Otra vez tengo la sensación de que nada pasa. Pero todo pasó ya. Soy pasado. Y Cronos sigue imperturbable. Con Alejandro hablamos a veces de estos temas. Es tan inteligente. Intento trascribir todo, pero no soy escritora. Cómo anhelo ser escritora. Para perdurar. Pero soy simplemente una lectora. Ahí están

Abelardo y Eloísa, Pablo y Virginia. Amo esos libros. Amo la letra. Amo el papel amarillento. Amo las tapas. Toco los libros. Les quito el polvo. Los leo una y otra vez. Libros pecaminosos y prohibidos, dijo la Inquisición de Lima. Y él sonrió cuando se lo conté. Fui a parar presa, le dije. La inquisición me puso presa, a mí, que tenía la tertulia más importante de la ciudad desde que llegué de Guayaquil, no sola, sino con mi amante español. No era grave tener un amante español, sí, en cambio, hubiera sido grave traicionar a mi patria. Por eso en la tertulia pasábamos datos a los patriotas. Y él sonrió. Ya sabía que él sabía todo de mí. Ahora los diarios dicen que murió en Francia. El Perú está de luto. No sé cuánto me quedará a mí. Jazmines, Rosa, usted es más bella que un jazmín. Es una rosa. Y sus manos sobre las mías. Mano de guerrero o de artista. De artista, pensé. Finos dedos, Rosa, sus dedos son finos. Sobre su frente poso mis dedos. No más Inquisición en Lima ni enterrados en las iglesias. Ha llegado la libertad. Adiós España. Adiós. Adiós. No hay más Inquisición, dijo. Ahora gobierna la Libertad, Rosa, gobierna la Libertad.

No hay más Inquisición en el Perú. Oscuras miradas sobre mi cuerpo, sobre mis ojos pecaminosos que leían a Rousseau, a Voltaire. Anochece. No veo. He perdido el bastón. Si estuviera Alejandro, hijo mío. Pero Wininger se lo llevó, me lo quitó porque así es Juan Wininger, el alemán rico que fue mi marido. Es primavera ahora. Es primavera, Rosa. Y me dormí sobre su hombro. Descansé. Cuando él se fue nunca más volví a descansar. Nunca. Alejandro, el bastón. Trae el bastón a tu madre. Pero Alejandro no está. Su padre se lo llevó. Vendrá con su amigo poeta Ricardo Palma. Me ama Alejandro. Ven, acércate a tu madre dolorida.

Allá va Rosa Campusano rejuvenecida. Veo su cabello rubio al viento. La veo tocar la vihuela y el clavicordio en la tertulia. Escucho su música. A él le gustaba mi música. Pensar que no tengo ojos ahora, Alejandro. Ni oídos. Los viejos tenemos cataratas y derrames en la vista. Y se nos tapan los oídos. Tú tienes los ojos más azules del mundo, me dijo San Martín. Y ahora murió en Boulogne-sur-Mer porque él se fue a Francia, el general amaba a París. No sé si me amaba a mí. Amaba a su esposa y a su hija que habían quedado en Buenos Aires. Ahora que anochece lo veo en la puerta de la Biblioteca de Lima y me trae un libro. Serás Caballeresa de la Orden del Sol, serás Caballeresa como Manuela Sáenz, me dice. Ay, el aroma del jazmín. Y ahora murió. En agosto se fue para siempre en aquella ciudad marina donde se cobijó con su hija y con sus nietas. Sé que me espera en una gruta. Está esperándome. ¿Ya no escribes, Rosa? me pregunta. Ya no. Todo lo que escribí y que es bien poco está quemado o guardado entre los libros y papeles de la Biblioteca. Algún día alguien encontrará esos diarios y escritos, esas epístolas sin enviar. Sólo tengo estos libros llenos de polvo que guardé en el primer piso de esta inmensa casa. Es de noche. No veo nada ya y Lima duerme. La Ciudad de los Reyes duerme. La Ciudad de los Reyes a la que llegué cuando era muy joven con alguien que me amaba o decía amarme.

Es un gran hombre Bolívar, me dijiste. Pero me iré porque este continente me matará. Este continente matará a Bolívar. Matará a Sucre. No le dije que no nos abandonara porque estaba decidido. Una decisión política. Desde lo de Guayaquil solamente la partida del Perú era el camino. Pasa un ave que grazna en la noche. Tal vez sea un halcón. Maúlla un gato a la distancia. Lima duerme.

¿Vendrá Alejandro? A veces me ahogo. Ojalá la primavera pueda ayudarme. Buscaré mis poemas, los que escribí para no morirme cuando Wininger me dejó y se fue como Juan Adolfo Gravert, mi primer marido, que volvió a Suiza que era su país. No sé por qué. Se había casado conmigo pero un día me dijo que retornaba a Europa. Nací para ser abandonada. Soy una mujer a la que los hombres abandonan. Hija de mestiza de negro. Mestiza y hacendado rico. Ay Rosa Campusano Cornejo. Sí. Mestiza como Rosa de Lima. Hija de arcabucero español e india. Rosa de Lima. La más bella. La más sabia. La más santa. Rosa. Rosa. De Lima. Rosa. Mestiza como yo, como todos en esta tierra de mestizos. Y él murió en Francia. Alejandro comprenderá mi tristeza y quizás me consuele como sólo él sabe hacerlo.

Madre y Padre. Los veo. Don Francisco Herrera Campusano y Gutiérrez con su séquito de peones para las cosechas y doña Felipa Cornejo que lo mira siempre porque lo ama o lo amó y yo voy hacia ellos ahora que he envejecido. Tanto envejecí, madre, tanto. Tanto que en sueños veo a las parcas que hilan, cosen, tejen, cortan. No cortan cabezas como en Francia con la guillotina, pero vienen a torturarme con el garrote vil. Sueño con un verdugo que me jura que no tendré escapatoria por haber leído libros prohibidos. Las iglesias cantan sus salmos y yo no tengo escapatoria. Me llevan ante los jueces esposada. Esto le conté a San Martín y él me acarició el pelo y calmó mi recuerdo.

La Biblioteca de Lima es mi lugar, es mi lecho, es mi casa. Camino entre los anaqueles y veo a siempre a Rousseau y a su *Eloísa*. A su *Emilio*. Los acaricio. Son mis mejores hermanos. Me hablan a mí que vengo de las batallas del espionaje en medio de las calles y las tabernas de la ciudad cuando era una tapada como Manuela e íbamos a escuchar los planes de conjurados y conspiradores. Manuela va a caballo, es invencible. Manuela no es como yo que amaba las pedrerías y las perlas. Manuela amaba la ropa de montar y nadie la igualaba en el arte de la espada. Sus manos eran de una soldada, de una coronela, de una generala, acostumbradas a usar las armas pero a la vez más hermosas que el nácar. Por eso Bolívar la amó tanto. Mis manos eran para los zafiros me había dicho él. Los zafiros, como los que conservo de mi madre Felipa en un cofrecito debajo de un armario de caoba. Las únicas joyas de Felipa Cornejo, la mestiza, medio blanca, medio negra, en las haciendas de cacao en medio del sol de Guayaquil, mi casa de la infancia, mi paraíso sobre la tierra. *Oriental zafiro* me dijo él. Dante Alighieri dice *oriental zafiro* porque el amanecer es blanco como esa piedra preciosa, blanco como tú, me murmuró al oído.

Y agregó que yo parecía una rosa en la noche cuando lo conocí. Rosa. Rosa. *Ayer naciste y morirás mañana. Carpe Diem.* Rosa. Eran palabras de poeta. Era mi Abelardo y yo era su Eloísa.

Estoy extraviada en el laberinto de mis recuerdos y sueños. Espero que Alejandro venga pronto.

Las mujeres amamos. Somos distintas. Amamos de otra manera. Los hombres no pueden arropar a un niño. Nosotras los arropamos cuando son niños y viejos. El no era viejo pero lo arropé alguna noche en La Magdalena cuando no podía dormir. Le puse su chamal de Chile sobre los hombros. Eso escribí en los papeles que llamo poemas. Frente a mí está el relicario y el costurero de mi madre. Ahí están las cartas de San Martín, todas las que me escribió. Desde Bruselas, desde París, desde Grand-Bourg. Me escribió desde Roma y Nápoles y me dijo que no había cielo más hermoso que el cielo de Italia. Cuánto desearía mi Rosa que estés conmigo... Y yo le contestaba y las cartas iban y venían. No sé dónde estarán las que le escribí. Las suyas están conmigo, se irán conmigo a la tumba. Su letra. Rosa, seguirá diciendo, Rosa, acá siempre hay un lugar para ti. En su corazón había un lugar. Me hablaba de sus caminatas y sus flores, sus rosas, las preferidas y de las dalias y las camelias. Me las regalaba con forma de letra. A mí, que había sido la tapada más famosa del Perú, que hasta me vestí de hombre porque amaba la libertad y las ideas claras de la razón y la república. Me regalaba flores a mí, que había acompañado a Manuela

Sáenz por las callejuelas detrás de una intriga o de un traidor al que había que identificar o para pasar informes a los leales. Revolución. Revolución era mi lema. Y ahora cuando los de aquel tiempo ocupan su lugar en el mundo de los muertos, paseo mi vista cansada sobre su letra. Lo único que tengo. Alejandro no sé si comprenderá todo esto. Mi Alejandro que vive con su padre Juan Weninger porque Weninger es rico y yo solamente tengo una pobre pensión del Ilustre Gobierno del Perú. ¿Qué hará mi hijo con mis recuerdos? ¿Los quemará? ¿Los arrojará a las aguas del Rímac, cuando el huaico lo desborde?

Son distintas decían siempre. Manuela tan altiva y varonil, una coronela, porque fue coronela de Junín y Ayacucho, coronela de los húsares de Simón Bolívar y de Sucre. Y la dulce Rosa tan femenina con sus gasas y anillos de zafiros y sus collares de perlas y sus guantes perfumados. Así fuimos las dos por las calles de Lima y pudimos sacar los datos para la Libertad. La Serna, Pío Tristán, La Mar, todos cedían ante nuestros encantos en la tertulia de la calle de San Marcelo. Éramos dos caras de la misma moneda: ambas estábamos en la misma logia que era la liga de los insurgentes o sea de la Libertad. Todo eso ocurrió cuando el ejército Libertador acampó en Huaura y después cuando San Martín entró en Lima y nos hizo libres a los peruanos.

En Europa y América se publicaron sus cartas: a Bolívar, a Guido, a Lavalle; pero nadie sabrá jamás de éstas... las más ciertas porque son sus manos y su respiración, las que escribió temblando por los dolores de la úlcera y en medio de la tos, porque yo ya no podía brindarle su láudano, cartas desde la más terrible soledad a pesar de los amigos de París, a pesar de su hija y sus nietas y su yerno que lo amaban. A pesar de la gloria, escribió desde el dolor de la respiración y de la verdadera pasión que nos unió o del verdadero amor que nos hizo amigos y que nos separó. Nadie jamás leerá estas cartas, las más fieles, las que muestran su ser, ese que los historiadores y hombres de letras desean desentrañar. Porque ellos no lo conocen. La única que lo conocí he sido yo. Eloísa entre los libros. En estos estantes están *Eloísa y Abelardo. Las cartas de Abelardo y Eloísa*. Las leo una y otra vez. Cartas ornadas por el arco de Cupido. Por el fuego de Cupido. Por el fuego de Venus. Eloísa y Abelardo. Abelardo y Eloísa. Cartas como las que le escribía a San Martín y las que él me escribió a mí. Amada Eloísa. Amado Abelardo. Los cuerpos no están presentes pero está la letra. Vivo mi pasión en la letra. Tal vez nos encontremos en un círculo de espíritus castigados porque hemos renegado del bautismo cristiano. Iremos al círculo de los masones que depusieron reinos y coronas y nos rozaremos las manos como Paolo y Francesca. En la eternidad nos rozaremos los dedos solamente y volaremos para siempre. Como Eloísa y Abelardo. En el círculo de Dido y de Cleopatra. Lloverán las cartas sobre nuestros rostros. Ellas son nuestras manos y nuestros ojos. Te amo, te amo, repetirá la nada de la eternidad y musitarán nuestros nombres. Tuve otros amores. Muchos amores apasionados. Ellos me decían mi diosa, mi dama y yo no descendía de mi pedestal. Rosa amada, me decían los amantes. Rosa suprema. Y usted mi capitán, se dejó amar. Y yo me dejé amar. Era el secreto. Desde uno al otro. Desde un cuerpo al otro. Amado y amante. Amante y amado como Eloísa y Abelardo. Desde entones muero por ti. Moriré siempre. Este amor me lleva a la tumba. Allá en Boulogne-sur-Mer usted ha muerto y mis rosas vuelan. Vuelo. Como el Alma a Cristo. Como Tristán e Isolda. No habrá castigos dulces como entre Eloísa y Abelardo. Habrá una palabra escrita en el corazón y en la garganta.

Los grandes señores me amaron mucho. Yo era la amada. Pero con él fui la amante, la que de rodillas acepta el goce o la que implora o llora, de rodillas. Así fue. El amado para siempre. Amado. Amante. Amado. Ahora desde la muerte será siempre amado. Y me elevaré sobre el recuerdo cuando fue de un modo único mi amante, el general más valiente y luminoso de América en mis brazos.

Vendrán Alejandro Weninger y Ricardo Palma. Traerán flores de regalo. Rosas. Rosas para usted, madre, que es una rosa, dirá Alejandro. Y yo le diré que lo amo y deseo que permanezca siempre a mi lado hasta que me vaya de este mundo. Vendrá mi hijo huyendo de su padre que me abandonó. Me abandonó Gravert. Y Pío Tristán y La Mar también me abandonaron... ¿Me abandonó él? No lo sabré nunca porque nuestra relación era también política. Política, niña, me dijo Manuela Sáenz, como la de Bolívar conmigo. Hablábamos horas de estrategias y trazábamos planes. El me dictaba sus tácticas y me contaba sobre sus cartas, tantas cartas, cientos, miles de cartas, él era un escritor de cartas. Cada hecho, cada actitud del Cabildo, las respuestas del clero, cada iniciativa de los oficiales o de los juristas, todo me lo contaba. Y trazaba los planes. Me hablaba de cada uno. Nada quedaba al azar bajo su mirada. Nada. Porque él había sido alumno del general Ricardos. La guerra en estos países se interna por vericuetos peligrosos, irracionales, decía. Vericuetos pasionales y la pasión no es recomendable para las repúblicas. En la estrategia, Ricardos y por supuesto Napoleón Bonaparte. En la política, los iluministas, lo que la Logia había señalado para la revolución en este continente. Se llevaba por eso muy bien con los militares franceses, y con los que no eran franceses pero eran patriotas de verdad como Arenales y Alvarado. Pobre Arenales, pobre Alvarado. Sufrieron persecuciones y destierros. Ellos que debían proseguir la lucha y llevar al Ejército Libertador a la victoria porque él había decidido que fueran sus sucesores.

Tengo miedo de morir. Me he reconciliado con Dios. Dejé en mi testamento todos mis muebles para Alejandro y mis trajes de gala, mis modestas joyas y mis cartas y libros y papeles. El decidirá qué hará con este legado. Un legado de madre, de mujer. No le dejo propiedades, ni carruajes, ni dineros, ni ganado, le dejo lo que una madre le dejaría a su hija, ropa de hilo, tejidos, anillos y pendientes que fueron de la Felipa Cornejo y aros que fueron míos. Madre mía, estarás feliz ahora, en ese paraíso adonde van las almas más buenas del mundo. Tú, Felipa, la que menos poder tenía, la mulata Felipa, vestida de organza blanca junto al patrón, el hacendado Herrera Campusano y Gutiérrez y yo en la posibilidad de las almas sin encarnar, viniendo al mundo como hija ilegítima, sin derechos para toda la vida. Ilegítima. Esa fue mi marca. Ilegítima. Y la llevé hasta el fin. Y fui la espía, la que pasó todos los datos para la liberación del Perú, de Colombia y de Bolivia. Con tus ojos y tu belleza conquistarás todo, me decía Manuela. Pero ella montaba su caballo y partía a la batalla. Por eso San Martín la condecoró con la Orden del Sol. Como a mí. No les gustó a los limeños que me condecorara a mí, ni a los limeños ni a los franceses e ingleses que había en el ejército. Después me obligaron devolver la Orden del Sol. Y ahora vivo en la pobreza pero tengo sus libros y camino entre los libros como Eloísa. Las mujeres hermosas son para ser abandonadas, me dijo una vez Manuela Sáenz. Ella, la coronela, la soldada, la guerrera más heroica que tuvo el Ejército de Bolívar.

Anochece. Ahí está la luna. Entre las torres caminas, luna fría. Luna filosa. Llévame en tu carruaje entre las arcadas de las iglesias. Huyo sobre los techos de Lima hasta la alborada. Ya no soy una tapada que va de casa en casa y de taberna en taberna y anota los datos y las intrigas en su mente. Ya no soy una tapada en los brazos de un amante circunstancial. Ya no. Soy la señora Campusano Cornejo, Caballeresa de la Orden del Sol, casada con el barón Juan Adolfo Gravert y voy hacia la luna como una alta dama, como tú, madre Felipa que me enseñaste los sones africanos que adormecían al español. Madre esclava. Hija esclava. Tu Rosa salió a luchar por ti. Me hice revolucionaria, Felipa Cornejo, por ti. Llevaré muy alto tu nombre, Cornejo, como en los muros de Castilla cuando el Cid veía a la avecilla diestra o a la avecilla siniestra. Desde tus cadenas caminé triunfante como la emperatriz Josefina al lado de su Napoleón.

Mientras haya luna, luz de luna escribiré detrás de las rejas. Cuidado con las velas madre, dice Alejandro. Esta casa está repleta de baúles, telas, cortinas y maderas. En Lima siempre hay incendios. Cuidado, madre.

Mi bujía es la luna. Puedo verla a cada instante. Corre luna. Corre hechizada muchacha en tu carruaje hacia la Magdalena donde él te espera. Señora, dirá, señora, y me contará el último parte de batalla del general Arenales en la sierra y los zigzagueos de las intrigas en la Ciudad de los Reyes. Ciudad de intrigas es la Ciudad de los Reyes. Toda América es una intriga. Traiciones y duelos. Siempre traiciones y duelos. Será de noche en La Magdalena y contemplaremos las papayas, las palmas y las moreras en la oscuridad. Tal vez la niña vaya un poco más atrás, hacia Guayaquil en un verano inolvidable cuando cantaban los esclavos y mi padre brindaba feliz por la buena cosecha de cacao. Por el Guayas iremos en una goleta, general, en realidad fui con usted a entrevistarme con Bolívar. Claro que fui. Iba mi retrato con usted, el que le regalé unos días antes pero por sobre todo iban nuestras conversaciones porque usted me escuchaba y atendía mis razones. Bolívar no aceptará le había dicho. Bolívar está enfermo y ese sufrimiento lo torna tenaz. Y así fue, el rostro ya debilitado del Libertador se reflejó en el espejo de su rostro. Y entonces surgió la verdad. Un gran hombre frente a otro gran hombre. El tiempo y el desgaste del tiempo entre ellos. Y sobre todo el desgaste de la guerra se hizo presente. América iniciaba su historia de segregación antes de finalizar la guerra. América iba hacia la guerra fratricida antes de derrotar definitivamente a la Corona de España.

La Protectora me llamaron. A Alejandro no le cae bien que me llamen Protectora. Lo siente como una ofensa a su padre Juan Weninger o a él mismo. Pero en toda Lima era y soy aún la Protectora. El tiempo. Como las gotas de la clepsidra pasan las tardes y pasan los años. Me abrigo cuando Lima se pone gris y fría. Ciudad de vapores y niebla. Siento que mi alma se enfría. Oh, si pudiese escribir como lo hacía Eloísa a Pedro Abelardo. Pero es imposible. Soy una simple mujer americana. Nada de lógica, nada de escolástica, ni dialéctica, sólo corazón. Puedo, eso sí, soñar despierta y pude enhebrar palabras como odas y poemas. Odas, como las de las ninfas de los bosques délficos, elegías y a veces largos romances.

Pobre escritura mía, pobre intento que es más que un sueño. Y las Horas huyen, van con su pie de raso sobre la arena o el aire. Van las Horas a cerrar las puertas del cielo y Zeus, su padre las contempla.

Las Horas en esta tregua concedida
En la batalla
Afuera el mar
Los viajes
Aquí el hilvanar de las palabras
Entonces modelo esta esfera
Donde el tiempo se aquieta
Así debe de ser la muerte.

Y antes que arriben las tres hermanas, para que no borren mi paso por la tierra, anudaré las hojas sueltas de lo que escribí no con una cinta de raso digna de mujer, sino con un humilde cordón para dejárselos a Alejandro. Él sabrá qué hacer con mi legado.

CUADERNO DE POEMAS DE ROSA CAMPUSANO CORNEJO

I

El poeta mira y comprende la mano que despeina
Los cabellos del hombre en la prisión
Y la augusta hecatombe de la tarde
Voces lacerantes ascienden
Desde el túnel de los siglos
Y nacen Gargantúa y Pantagruel
Mientras en este tiempo
Avizoro el fin y el principio
La muerte sin preocupación
Porque he mordido
La manzana eterna de los dioses.

II

La manzana de los dioses es maldita
Chirría el diente del insensato que la muerde
La maldita manzana miente
Miente a los titanes
Que proclaman su trabajo
En los cafetales y en los cacaotales
En los cañaverales
En las minas de plata y oro
Miente
La maldita manzana miente.

III

Tapiz de tiempo
El abismo en el rictus de Sísifo

Fragmentos de siglo
Extendidos por las vidas
De los muertos bajo el mármol
Polvo de pasos ahogan la tarde
En estos días
Y en esta patria
Afrentados de desdén.

IV

El viento empujará tormentas de fuego
Y yo resucitaré en las nubes
Escalas de hierro
Y bogaré definitiva

V

Amémonos para vencer el sigilo de las infames turbas
Ahogo de los hombres por charcos de sangre
El abismo de Cronos se despeña hasta la muerte
Amémonos y afuera
Ocurrirán los siglos.

VI

Los objetos ocupan su lugar.
El poema, la literatura, el viento
Se circunscriben, ahora, a luces nocturnas
El espejo y los ademanes devuelven mi fracaso
En el rojo devenir de los siglos.

VII

Camino de mayo que rescatas las rosas
Las felices comidas y las cenas
Los días soleados del campo y la música de los guayabos.
A veces asoma el terror atroz y la muerte.
Pero atrapa el día
Cada minuto que te otorgan o regalan
Embriágate en la fuente de las ninfas
Y los magos
 Recuerda el viento
Las murallas y los fuertes
Carpe Diem.
Un tropel de males cabalga azotando
El mundo
Tú los has oído
Y eliges ser héroe para romper con tu palabra
El hielo de la raza.
Eliges la lucha y la sangre que ofrendan
Los hombres
Atrapa el día y no me perturbes
Diciéndome que es inútil.

VIII

Luz mezquina de la lámpara
Medianoche.
Canta el gallo sangriento
Anunciado la certeza de revivir a un prisionero
Canta el gallo
Y sus notas pregonan la frontera.

IX

Orfeo
Tu cítara se detiene
Oh, genios de los límites, poseedme
Ensaya mi pie una huella de oro
Y desciendo al Hades.
Dormida irá la barca
Por las aguas únicas
Demonios
Sobre los rosales se despiertan
He dejado un débil rastro
Para que me sigas.

X

Estatua de Ceres que resistes la lluvia
Mientras los amantes deshacen
La historia
En la ostra de la pasión.
La lluvia resbala por tus ojos
Y el viento te ultraja
Vehemente
Algunas noches.
En el jardín te veo
Vas hacia un lugar remoto
Porque caminas una senda
De flores de la Arcadia
Donde todo es eterno.

XI

Atardece
Una voz de oro me envuelve
Y recorro pasadizos
De siglos
Mi cuerpo tiembla y se fragmenta.
Entono mi lira. Surgen los acordes.
Canto. Soy una mujer de este siglo
Que rasga el muro del tiempo.

XII

Camino por esferas. Atisbo un páramo
Mientras me crecen dalias en el rostro.
Por mi sangre bogan náufragos
Galeotos, enfermos, desahuciados
Un señor de blasones y bastones
Un general y mujeres desgastadas
Una monja, un sacerdote
Soldados y prófugos de las pestes.
Hasta la pira donde
Me adormezco
Y arrojo al abismo de la nada
Luciferes de bronce
Para erguirme como una diosa.

XIII

La gran casa de la literatura abría
Su gabinete de vidas y palabras.
Por una escalinata se llegaba

A Eloísa y a Cervantes
Por otra a Virgilio, a Hesíodo
A La Diana de Montemayor
A Tirante el Blanco
 y a Orlando Furioso
A los poetas de esta era de dolor y guerra.
El éxtasis duraba al infinito.

XIV

Somos "el sueño de una sombra"
Y pasan tantos lirios sobre la tierra.
El río se ha extendido
Por los clarines de los adelantados
Que descubrieron los mares
Con inconmensurable asombro
El tiempo marchita los lirios
Y cuando partamos luego
De nuestra breve jornada
Los que siguen leerán
Las Odas de Píndaro.

XV

Tañe Apolo la lira
Se desliza Terpsícore.
En el dominio más exacto
De la música
Bajo la mano

De una mitad de luna
Mecen la esférica cabellera
Que al tiempo
Sepultado en los abismos asedia.
Terpsícore danza
Su piel de nácar
Despoja al otoño corrompido
Y a las sierpes que abajo vociferan
Sobre el mundo
La humanidad se marchita
Sobre una nube
En el más alto pensamiento
Danza Terpsícore.

XVI

En la esfera danza el Tiempo
Y brinda en copa de oro
Su perpetua burla.
Boca abajo danzan los hombres
Que recorren ensangrentados caminos.
El Tiempo brinda y danza
En el Olimpo.
Ha desnudado sus brazos
De las túnicas
Oh, Tiempo acosador
De hombres y bestias
Amigo mío
Te alcancé hace decenios
Desde la literatura y el miedo.

XVII

Hojarasca de almas
Que el vendaval
De los infiernos arrastra
Hacia la vorágine
Única de demonios alados
Que torturan a los réprobos.
Vendaval descolorido de medusas,
Caronte empuja la barca
Y mi paso sigue la huella
De los laureles
En algún refugio del tiempo
Perdura la voz inmortal de los grandes hombres
Pero mis pasos descienden
Al último círculo,
Donde el torbellino
Se aprieta en una sola hoja,
El viaje termina,
La amarga mitología de las brujas
Y ese cuadro de Giotto
Con un inconmensurable bosque.
Por el hilo final
De las noches más crueles descendimos.
Es la muerte.
Despojados de este cuerpo
Despojados del nombre
Y de la sombra
Nuestro talón ha sentido
La última arena.
Infierno, aún te veo
Cuando abandono tu vientre tenebroso
Y contemplo azorada las estrellas.

XVIII

El aire va por tus cabellos
En alta hegemonía.
El firmamento a tus espaldas,
Aguarda.
Lejos, muy lejos del cuerpo,
Está la Idea.
Ella es una lumbre dentro de nosotros
Eternos, como los dioses.

XIX

He abierto la ventana
Están el tiempo
Las malezas del tiempo
Y la sombra de los pájaros.

XX

Las campanas
Los mendigos
Las campanas de la iglesia
Y los mendigos
Que aguardan su pan
Las campanas cesan
Si pudiera regresar
A la juventud
Cuando las noches
Se encendían en dulces velas
Y silencio
Cuando la belleza existía

Y la estatua aguadaba
La lluvia en el jardín
Mientras nos amábamos
El recuerdo es profano
Huye y se carga de verdín.

XXI

En la mesa junto al vino
Y al ritmo del invierno que se acerca
Junto a tu frente
Con la que he vivido estos cien años
Medito en las maldades del mundo.

Extraña voz que me dictó poemas que escribo sin métrica. No son sonetos, ni siquiera cuartetas o redondillas. A veces surge un romance. Son versos, mejor dicho palabras y frases que se agolpan en mi alma y en mi pecho. Vienen en medio del sueño o cuando despierto y veo la luz que entra por los balcones. Balcones de Lima. Ciudad donde conversan españoles y criollos de antiguos linajes y conversan todavía las huestes de Francisco Pizarro en medio de las sombras de Atahualpa y su progenie. Balcones de la Ciudad de los Reyes. De oro y plata y siempre de murmullos e intrigas. Miro los enrejados y en medio de las sombras, me parece ver nítida la figura de Carlos V.

Su fantasía, madre, no tiene límites, dice Alejandro.

Así en medio de los murmullos entre negros y criollos, entre españoles e indios, permanezco mientras danza el Diablo y su máscara de espejos. Danza el viendo en las peñas de la Sierra. Danza la luna en la cueva donde se guardan los tesoros más grandes de la tierra y que los adelantados y gobernadores no descubrieron. Danza también Felipa Cornejo. Supay salta desde sus ojos oscuros. Salta desde la montaña entre los demonios de las rocas y el Rímac. Diablo de erizada crin rosada mueve a las ninfas de la danza. Las plumas del indio han despertado. Y los tambores danzan. Danzan. Es mi sangre negra que danza.

Manuela en cambio conocía los principios de la métrica y la rima y siempre me decía que la poesía es más verdadera que la historia. Ella, que amaba la historia y leía a Plutarco y a Tácito, me decía eso. Conocía los secretos del endecasílabo de Petrarca, del terceto de Dante, de los sonetos y églogas de Garcilaso de la Vega y los italianizantes, del soneto con coda, de la octava real o la silva. Perdona, Manuela, le digo ahora, mi audacia al escribir en versos. No tengo ni tuve jamás tu educación refinada, amiga mía, aunque puedo leer en francés y, con dedicación y atención, hablarlo, como lo hacíamos con San Martín y sus oficiales galos como Brandsen, que peleó en Waterloo, pero que amaba a América. Brandsen, se fue en una trágica batalla que comandó Carlos de Alvear en el Brasil. Manuela, hija de un señor y una señorita de la alta alcurnia quiteña que tuvieron amores prohibidos. Como Eloísa. Pero su padre le había regalado una gran dote y le había buscado un buen marido. Recitaba en francés, yo tocaba el clavicordio en las noches de La Magdalena entre los jazmines y las flores de lis, la de los Valois, me decía ella, mientras San Martín cantaba acompañado con la guitarra.

Siempre la música y la danza. Danzamos aquella primera noche en el Cabildo y luego en el Palacio de los Virreyes. Nunca olvidaré sus ojos tan negros. Nunca.

La música y la poesía nos acompañaron, nos ayudaron a cuidar las heridas de las intrigas y las batallas. Manuela llegaba en su caballo vestida con el dolmán rojo, siempre a caballo, mujer Parcival, siempre iba en el brioso corcel que la llevó por Pichincha y a Junín y luego a Ayacucho. Coronela. Dueña de la Orden del Sol. La Orden del Sol que amé y me arrebataron, porque la sociedad de Lima es rígida, no perdona los deslices, los errores. Y, sobre todo, se rige por prejuicios. Decían que Rosa Campusano Cornejo era una mujer de moral dudosa. Ellos, señores de la Inquisición que todavía anida en sus corazones, no me perdonaron el ser una tapada, la que iba por las calles buscando datos en la guerra de zapa que es una guerra de inteligencia y que ayudó a los patriotas. Sin guerra de zapa no hubiese habido libertad para el Perú, ni para Colombia ni para todo el continente. Perdí todo por la patria, ese fuego que abracé cuando era muy joven, perdí todo cuando vinieron los enfrentamientos terribles que no claudicaron ni con las muertes de Sucre, Santa Cruz, Salaverry y los destierros de Arenales, Alvarado, Luzuriaga, tantos, tantos...Felipe Salaverry, fusilado por el mariscal Andrés de Santa Cruz, Brandsen perseguido. Cuántos desencuentros.

Manuela llegaba a la velada. Las jovencitas que la acompañaban siempre nos servían chocolate y dulces. Hablábamos. Ella recitaba de memoria "La victoria de Junín", de José Joaquín de Olmedo, dedicada a Bolívar. Héroe y musa, me decía. Guayaquil en la voz del poeta y Guayaquil en mi sangre, Olmedo y yo, hijos de Guayaquil. Poeta único de la libertad. Manuela amaba el poema de Olmedo porque amaba la libertad. Amaba el mundo de Atahualpa, Guatimozín y Moctezuma. Vengaremos al Inca, me decía. Pero sobre todo amaba a Simón Bolívar. Un amor sin igual. Manuela dejó a su marido por Bolívar. Y el Libertador la amó como sólo los grandes hombres saben amar: con admiración y devoción.

Qué poema el de Olmedo. La Historia encontrará allí el corazón y el espíritu de la fuerza por la emancipación. Ahí están los héroes, los de Colombia y el Perú, del Rímac y el Guayas y el Orinoco. Está América.

Recitaba Manuela:

¿Quién es el que el paso lento mueve
Sobre el collado que a Junín domina?
.....

Suspiraba Manuela y proseguía:

¿Quién es el que ya desciende
Pronto y apercibido a la pelea?

Preñada en tempestades le rodea
Nube tremenda; el brillo de su espada
Es el vivo reflejo de la gloria;
Su voz un trueno, su mirada un rayo
¿Quién es aquel que al trabarse la batalla,
Ufano como nuncio de victoria,
Un corcel impetuoso fatigando,
Discurre sin cesar por todas partes...?
¿Quién sino el hijo de Colombia y Marte?

Entonces sentíamos el estruendo de la batalla. Manuela cerraba sus ojos y se acordaba de Junín que anticipaba a Ayacucho, se acordaba de los muertos, tantos valientes muertos. Se veía a sí misma comandando a los Húsares de Colombia y a Lavalle y al general Miller. Aquiles y Héctor, aqueos y troyanos. Y la diosa Palas y el estruendo de la batalla, el relincho de los caballos, la pólvora y la espada. Decía entonces: "¡Triunfo a Colombia y a Bolívar gloria!". Siempre José Joaquín de Olmedo en los labios de Manuela, la amada y la amante de Bolívar, la única, la diosa de la guerra y la victoria. Amiga mía, hija de un hombre rico y una niña que lo amó en una recámara prohibida porque había adulterio, hija ilegítima, como yo, como la hermosa Eloísa que me acompaña por las noches en estas galerías coloniales, en estos corredores penumbrosos de convento, en esta prisión que es la prisión que trae la vejez. Prisionera soy ya del pasado. Prisionera de la vejez mientras afuera continúa la vida de esta ciudad de contrastes, esta ciudad mestiza y señorial, opulenta Lima le decían y le dicen todavía.

Una tarde atravesamos Lima en calesa. Manuela no se sentía atraída por ese tipo de paseo pero aceptó para hacerme feliz porque hacía muy poco que San Martín había partido. Manuela prefería su caballo. Toda la ciudad nos vio. Ese fue el sello de nuestra amistad. Hermana, estás tan lejos de mí, ahora. Sufres como yo. Ya lo sé. Tu Simón ha muerto, murió como lo anticipó San Martín, en la soledad y en la pobreza. Eso vio él en los ojos de Bolívar cuando se encontraron. Fue como un espejo. Los dos se reconocieron. No podían ir más allá de lo que la historia les permitía. Buenos Aires no estaba dispuesta a ayudar, no enviaba ya ni un céntimo. Miraba a Europa y sus buenos negocios. Bolívar sabía que la lealtad de San Martín a su patria no permitiría un acuerdo. Buenos Aires era el obstáculo y malograría cualquier entendimiento. A pesar del ofrecimiento de San Martín que trató de ponerse bajo las órdenes de Bolívar, no hubo caso. Buenos Aires los separó y separó a los ejércitos. Separó las fuerzas de la Campaña Libertadora. Simón Bolívar no confiaba en los porteños.

Ay, memoria, enemiga del reposo. Apenas duermo y el cansancio me invade por las noches. Entonces recuerdo. Temas de la poesía: memoria, recuerdo, olvido...Alejandro me trae a veces los folletines que publica la "Revista de Lima". Ahí encontré algo de mi historia escrita en la novela *La quena* de Juana Manuela Gorriti. Historia de españoles e indios, murmullo secreto de las razas. Murmullo que se torna río y catarata y océano. Conocí a Juana Manuela Gorriti, la argentina, que había dejado a su marido, el presidente de Bolivia, el Tata Belzú.

También conocí a Manuel Isidoro Belzú. No vi hombre tan apuesto en el Perú, como ese hijo del altiplano. A Juana Manuela la traté después, cuando él se marchó y ella puso una escuela de niñas para subsistir. La vi muchas veces. Hasta que enfermé. Hace ya tiempo que no tengo noticias de ella; pero sé que vive todavía en Lima. Vino a veces a la Biblioteca. Alta, delgada, de ojos azules, de largos cabellos rubios, como los míos. Conversamos en algunas oportunidades. Dicen que nos parecemos. Recuerdo que nos miramos las dos desde nuestros ojos claros. Ella me habló de sus novelas que eran parte de su vida y también de mi vida. Le narré mi historia junto a San Martín y el desencuentro de Guayaquil. Ella no se asombró.

Conocía muy bien esta tierra. Juana Manuela es mi otra mitad. Mucho más joven que yo, es una verdadera patriota ilustrada. Alguna vez la escuché recitar y me conmovió. En una ocasión con Alejandro Weninger y Ricardo Palma nos encontramos cerca de la catedral casualmente y esa misma tarde ella nos invitó a su casa. Allí estaban sus bellísimas niñas. Me presentó como a doña Rosa Campusano Cornejo, la ilustre patriota... Además de Ricardo y Alejandro había otras personas en esa reunión. Creo que estaban casi todos los escritores de Lima. Juana Manuela ama al Perú. Tanto como a Bolivia. Ella es de la tierra del Marqués de Yavi, de Salta y Jujuy. Había ido con su familia hacia Tarija huyendo de las guerras civiles de los argentinos. Entonces conoció a Belzú. Pero su amor era la literatura y la poesía. Leo y releo su novela, una y otra vez encuentro el alma sudamericana en sus renglones. Juana Manuela nos conoce, nos conoce a todos, porque es una gran escritora. El Perú es mi patria, me dijo. Tal vez regrese algún día al sitio donde nací, en Salta, la ciudad que combatió como ninguna otra contra los españoles para cuidarle la espalda al Ejército Libertador. Y cuidó al Río de la Plata. Pero Buenos Aires, siempre ingrata, la dejó sola. Salta y Jujuy pelearon con Martín Güemes a la cabeza, el general que dio su vida para que la Campaña a Chile y al Perú pudiese proseguir. Cuando San Martín llegó al Perú, Güemes moría. Yo me acordé que él hablaba siempre del sacrificio de Güemes y sus gauchos porque sin esos paisanos, decía, no hubiese sido posible la Campaña. Lo mataron muy joven a Güemes y la frontera desde La Quiaca a Cochabamba quedó desguarnecida.

Juana Manuela me presentó a un sobrino del Marqués de Yavi, el legendario heredero de los vastos territorios de la Puna de Chile, desde la Argentina y Bolivia, desde Tarija al Potosí, desde Jujuy hasta los Andes y el Pacífico. Héroe legendario, defendido por San Martín, fue el patriota noble de la Argentina, uno de los pocos, porque el Rey de España era reacio a otorgar títulos nobiliarios en América. El Marqués de Yavi es el patriota de Jujuy, un patriota noble. El marquesado de Yavi era el límite al avance de los realistas. El límite no era Buenos Aires, la mercantilista Buenos Aires, era el marquesado. Eso me dijo San Martín en una ocasión. Ah, *La quena*. Amor mestizo, amor más allá de los límites. Como el de mi padre el hacendado hacia Felipa Cornejo, hija y nieta de esclavos. Juana Manuela miró mis ojos y no pudo creer que por allí venían sangre y luz africanas. Ojos azules, como los míos, dijo Juana Manuela. Habrá, sin duda alguna, vascos o castellanos en su sangre, Rosa, castellanos, de Zamora, de Salamanca, de Ávila. Le dije que venían por mis ojos también ríos y páramos del África, la tierra del calor, la tierra donde nunca anida el frío, distinta de esta Lima que canta en las mañana heladas y cubiertas de niebla en latín. A maitines canta en latín y en el crepúsculo reza Lima en latín también.

Angelus Dómini
Angelus Dómini nuntiávit Mariae.
Et concépit de Spíritu Sancto.
Ave Maria.
Ecce ancilla Dómini.
Fiat mihi secúndum verbum tuum.
Ave Maria.
Et Verbum caro factum est.
Et habitávit in nobis.
Ave Maria.
Ora pro nobis Sancta Dei Génitrix
Ut digni efficiámur promissiónibus Christi.
Oremus.
Pater Noster.
Agnus Dei.
Anima Christi.

Sanctus.
Sanctus.

Llegaba el atardecer a Lima, la piadosa. Y viene también en las tardes el viento de los incas. Silba el viento entre las ojivas y los campanarios. Lima de rosas y azahares, de caballos y vicuñas y cóndores. Viene el viento del Cuzco. Y viene el hijo de Inti a desposar a la española. Rosa, como la santa, Rosa siempre, Rosa de *La quena*. Y viene el negro a buscar el diamante del amor para salvarse y viene la madre negra que añora su tierra y nos arropa cuando somos pequeños y cuando estamos por irnos a la tumba. Madre negra. Tengo ojos azules, Juana Manuela, amiga mía, pero llevo con honor la sangre de mi madre, la Felipa Cornejo, madre negra y sabia, hermosa, más hermosa que todas las mujeres de su tiempo. Entonces Juana Manuela me sonríe. Es verdad, me dice, esto es América. Y ahora sé que estoy en sus novelas porque ella alguna vez me lo dijo.

Los poetas jóvenes, los bohemios amigos de Ricardo Palma, como él los llamaba, leían a Byron, Hugo, Lamartine, Espronceda, Zorrilla... *Oh, Byron, muestra tu frente y oculta tu pie deforme...* Hugo en las tardes y las noches de los escritores peruanos de los nuevos años. Ricardo Palma, escritor joven, muy joven, es la promesa del Perú. Ricardo me leyó sus poemas y semblanzas. Es un poeta de verdad. Hay algo en él que muestra su alma: no es como los demás jóvenes inmersos en su propia vida. A él le interesa sobremanera la vida de los demás. Conversamos varias veces y con gran delicadeza me preguntó por San Martin. Y luego me preguntó sobre Bolívar y Manuela Sáenz. Bolívar representaba para él un misterio y sobre todo el encuentro de Guayaquil. Solamente le dije que los dos generales más grandes del continente se dieron cuenta de que había que terminar la guerra cuanto antes, pues de lo contrario América corría el riesgo no sólo de la disgregación por la intervención de Francia o Inglaterra, sino el enfrentamiento cruel entre hermanos y la miseria más atroz. Recuerdo la tarde en que San Martín se marchó y me dijo adiós mientras agitaba su guarapón desde el carruaje. Al día siguiente partiría a Chile, allá lo esperaban, al gran Cuyano, como le decían. Se hubiera quedado en Chile o en Mendoza pero tenía que volver a Buenos Aires porque allá estaba su esposa Remedios y su pequeña hija. Yo le prometí guardar nuestra historia con cien candados y eso me costó la dicha y la vida, la salud y la lucidez. A veces no duermo, y un ahogo me cierra la respiración. Ahora estoy sola, como lo está Manuela Sáenz sin su Simón, como estamos todas las mujeres en el ocaso. Veo las torres de Lima y en los anocheceres solamente puedo buscar mi rosario y rezar. Ahora no están ni Gravert, ni Wininger, solamente mi Alejandro que es el único que me auxilia.

Lo de Guayaquil fue muy duro. Recuerdo que Manuela me dijo que Bolívar quedó contrariado por el encuentro con San Martín, porque no había manera de poner paños fríos a lo que vendría. Sí, San Martín se ofreció a estar bajo sus órdenes, porque había que unir los ejércitos y sortear las intrigas y las pestes. Bolívar sabía que Buenos Aires presionaría al general, y que él sería siempre leal a su patria, el Río de la Plata. Buenos Aires se adueñaría de la campaña, de los triunfos y extendería su gobierno burgués y de comerciantes por toda la América del Sud. San Martín advirtió que éste era el obstáculo para que el Ejército de Colombia se reuniera al de Chile y el Perú. Trató de jugar su mejor carta: ponerse bajo las órdenes Bolívar, pero el Libertador se resistió. Sabía que esa decisión le llevaría la vida. Se abrazaron, cada uno comprendió que la unión era imposible. Sufrió mucho Simón, me dijo Manuela. Esa fue una contrariedad que disimuló en sus cartas, era demasiado dura la verdad, la imposibilidad de unir las fuerzas a causa de la desconfianza hacia una ciudad americana, Buenos Aires, mejor dicho, a un gobierno que había abandonado la lucha por la emancipación, porque se sentía a salvo y hacía grandes negocios con los ingleses. Las cartas, los dichos, todo fue una vana explicación. La verdad la supe siempre yo, dijo Manuela. Y yo… pensé. San Martín me contó todo lo que sintió en ese encuentro, en especial la tristeza porque se diluía en el aire la idea de unión y por ver a Bolívar invadido ya por la debilidad de la enfermedad y castigado por la inclemencia y la pasión del mando, por el embate de la guerra y la muerte de oficiales y soldados, en fin, por la guerra. La lealtad de San Martín fue el impedimento, porque Simón desconfiaba de los porteños. Hubiese sido todo muy cruel, más cruel de lo que fue. Dolorosa decisión de dos jefes, de dos generalísimos. Siempre conversábamos sobre lo mismo con San Martín durante las pocas semanas que compartimos antes de su partida de Lima: Guayaquil y la secesión de América. Quedaban Chile, Bolivia, el Perú, Colombia y Quito por un lado y el Río de la Plata por el otro. No, decididamente no y no, me dijo el Protector: Bolívar no aceptó mi ofrecimiento porque desconfiaba y desconfía de Buenos Aires y teme que yo siga fiel a ese gobierno que comienza a venderse al mejor postor, sea de América o de Europa. Mi lealtad a la patria me separó de Bolívar, dijo San Martín. Simón no comprendía, era muy americano para comprender las estrategias de mayor alcance en el tiempo. Yo adiviné en su mirada la guerra civil y la desilusión, pobre Simón. Por eso partiré. Mañana partiré, me dijo unas horas antes de irse. Me dio una carta para Rudecindo Alvarado que sería su sucesor. Lo quería a Arenales también. Alvarado y Arenales, dos militares de los pueblos andinos de la Argentina, de Salta, esa ciudad que dicen se parece a Lima por sus iglesias y sus linajes, y adonde nació mi querida Juana Manuela Gorriti. El me dejó la carta y algunas monedas de oro para que me comparara un carruaje y caballos para recorrer Lima. Me dijo que me amaría siempre. Y me amó siempre. Yo lo adoré.

Ay, Manuela Sáenz de Vergara y Aizpuro, la ilustrada, la niña que no vio a su madre porque ella murió de amor que era el dolor y la pérdida de sangre y la fiebre después del parto. Hija ilegítima también, como yo, como Eloísa pero amada por su padre que le regaló dos esclavas negras para que la acompañaran durante toda la vida. Manuela en Paita ahora, desterrada Manuela, pobre como yo. Hermana reflejo, reflejo hermana, iguales las dos ante los espejos del alma. Una flor para ti desde mi pensamiento que vuela hacia tu frente y te besa desde Lima. Y la otra mujer de los espejos es Juana Manuela, la joven Juana Manuela, porque le llevo más de veinte años. La bella poetisa que reúne a los bohemios de Lima, a los escritores jóvenes como Ricardo Palma y Alejandro Weninger, mi hijo, porque es poeta Alejandro. Sé que escribe en secreto como su madre cuando la ciudad oscurece y se aduerme en las sombras de sus campanarios y balcones. Juana Manuela Gorriti, tan patriota como Arenales y Alvarado que se fueron a Salta luego de la dispersión del ejército cuando él renunció al protectorado y partió a Chile. Mujer de libros, de libros sublimes y capaz de narrar historias que parecen reales, o que son reales porque ella las escuchó o las vivió, que son el otro espejo americano: los mestizos hijos de amores contrariados y prohibidos, como yo, como Manuela, como mi propia madre que sufrió desde todas la generaciones la falta de amor o el exceso de amor que venía por sus ojos a contemplarme y a calmarme, a protegerme madre Felipa Cornejo, la Felipa que cantaba canciones en lengua africana a su hijita rubia y de ojos azules que dormía en una cuna entre cacaotales. Niña niña de guayabos niña niña de trinos colibríes azules negros blancos que se posan en su cuna de juncos azules niña niña blanca mía hija de la vida que serás la más libre mariposa de todas la no encarcelada sin cadenas niña niña niña rosa blanca y roja y color del café de las noches oprimidas de calor y de insectos en el cacaotal...

No tuve cadenas, madre. Nunca. A pesar de la Inquisición de Lima. Leí lo que me dictaba el siglo. Las luces me indicaban las lecturas, nunca las tinieblas y me encarcelaron por eso. Los viejos días amaban las sombras. Me ayudaron a salir de la prisión mi amante español y el doctor Thorne el marido de Manuela. Ellos y los caballeros y damas de la Tertulia de la calle San Marcelo me libraron de la Inquisición. Se terminaron los juicios de la Inquisición. Cuando él entró triunfante sin disparar una sola bala porque era el estratega más grande desde Napoleón. El Perú estaba ganado y libre y él declaró la independencia y en el baile del Cabildo nos conocimos. No tuve cadenas pero siempre tuve misales y oraciones sobre todo ahora cuando mi hijo Alejandro llega sonriente y me pide que le cuente las historias de la patria. Alejandro es único y me ama. Me protege. Teme por mí. Teme por mis ojos y mi salud. Teme por mi cuerpo, por mis piernas que se tornan débiles y sobre todo teme porque el tiempo cumple el mandato y las horas se deslizan de un lado al otro del cielo y nos tornamos ancianos.

Las Horas que abren y cierran las puertas del palacio de Zeus, deidades mías, livianas, inicuas beldades, mientras pasa raudo y leve el viento de nuestras vidas.

¿No compendió Bolívar la estrategia de San Martín cuando quiso ponerse a sus órdenes? Era la decisión del mando, era posible ese camino complejo para terminar la guerra rápido, para asegurar la unidad de América. No. Simón no comprendió porque su mirada se encontró ante la mirada de San Martín y vio en ella la recta decisión de los que no pueden ser desleales. El tiempo hubiese ayudado y la inteligencia. Eso era racional. Bolívar actuaba según su corazón. San Martín era la razón en persona, señor ilustrado y único. Eso los separó: el corazón y la luz, la luz que ya mis ojos no tienen, tus ojos azules, me dijo, ellos verán por mí.

Los días pasan y las noches. Iguales. Miro los mismos muros y camino por las galerías. Subo las mismas escaleras. Aguardo. Ya no sé lo que aguardo aunque adivino muy bien lo que me espera. Él ha muerto. No hay diario en toda la patria que no hable de eso. En Boulogne-sur-Mer. Sí. Allá en Francia. Ya no veía. Estaba ciego. Pero soñaba con barcos y puertos como cuando desembarcó en Pisco y vino a Lima para encontrarme el día en que declaró la Independencia. Bailamos. Y no nos separamos porque él debe de haber muerto pensando en mí. Porque yo nunca dejé de pensar en él.

Tres mujeres en mi entorno. Mis espejos. Mis rosas: Felipa Cornejo, Manuela y Juana Manuela. Mi madre viene ahora en sueños o en las madrugadas y la siento cerca de mi rostro y me acaricia. Me busca ella. En medio de la llovizna de Lima me busca. Y yo miro por las ventanas de mi casa-celda-mirador-almena la costa del Pacífico y me aduermo en sus curvas como de mujer y en sus acantilados. Manuela, también tú miras a mi madre y te acercas desde los sueños a veces y desde las vigilias también. Manuela, mi madre es tu madre, la que no conociste porque ella murió al darte a luz, te dio la vida y su propia vida. Manuela, hermana mía, en el exilio, perseguida hasta Jamaica hasta Quito, hasta Paita, hermana también de la otra Manuela, la escritora que vino del sud, que llegó a esta ciudad para regalarle su ingenio y su inteligencia, que es tan bella como el cielo andino, sin nubes, transparente, la Gorriti, de la que hablará el mundo porque es la mejor escritora que conocí en mis largos años. Tres mujeres. Tres dones a mi edad, que es el doble de las edades porque viví doblemente, fui y volví de presagios y dolores, de matrimonios perdidos, de la ingratitud y el olvido.

En mis entresueños Manuela viene a traerme cigarros y dulces jamaiquinos de mandioca. Colibrí entre las olas y las rocas de la costa, entre maizales y guayabos y los saurios que pueblan los pantanos entre las palmas y murmuran la guerrilla de los esclavos contra Inglaterra. Manuela viene en mi entresueño en un presente eterno que la llevó a esa isla del Caribe a donde escribe la historia del Libertador en los repliegues del tiempo que su alma ha construido. Y a veces la Gorriti, tan joven que puede ser mi hija. Tal vez lo sea. Sus ojos azules se parecen a los míos. Ella me trae sus escritos y yo los copio, uno detrás de otro y los guardo junto a las cartas de él que son muchas, y de otros señores; tengo cientos de cartas que Alejandro Wininger destruirá o entregará a parientes o descendientes. Destino de las letras. Como las cartas de Eloísa y Abelardo. Cartas: allí están las manos, los cuerpos, el perfume, las lágrimas. Allí está la pasión, besos y caricias prohibidas elevadas por el amor a la cúspide más alta, al castigo, al perdón, al susurro, a las lágrimas. Duermevela Manuela. Duermevela. Duermevela. Los techos de teja de Lima se humedecen con el rocío y la niebla de la madrugada que ocultan la costa torneada del Pacífico.

Sus cartas… unas fechadas en Mendoza, otras en Londres, en Bruselas, en Paris, en Grand Bourg, en el número 1 de la rue Neuve Saint Georges… Es un cuáquero me dice… Mientras él tuvo vista escribía y me escribía. Luego le dictaba a su hija las cartas a amigos militares y políticos. Miraba por los ojos de su hija y de sus nietas. Estaba ciego y no pudo escribirme más. Las cartas más extensas son las de Paris y por ellas supe que conoció a Balzac. El murió el 17 de agosto y Balzac al día siguiente, el 18 de agosto… Tantos muertos, me decía en sus cartas. Desde el triste Monteagudo asesinado en Lima hasta los heroicos Lavalle, Brandsen, Crámer, Sucre…Los recuerdo. Qué elegancia la de Lavalle, la de Brandsen y Bernardo de Monteagudo, el de clara inteligencia, generoso y galante, perdido en los jardines de alguna dama o de alguna intriga.

Guardo esas epístolas. Quizás mi Alejandro las conserve o las arroje al Rimac o a las aguas del Pacífico. En algunas de ellas él habla de Bolívar que lo acompañó a las dos de la mañana por el malecón de Guayaquil y le regaló una miniatura con su retrato para mostrarle su admiración. Se despidieron y nunca más volvieron a verse, los dos hombres más grandes que tuvo América y que por causas ajenas a ellos no pudieron unir sus esfuerzos. La prensa dice que San Martín se despidió de su hija en francés. Yo sé que la saludó desde el barco que lo traía desde la infancia hasta mí, hasta mis brazos y mi deseo. Sé que se despidió de ella y de mí en la lengua en la que a veces me contaba que me amaba, en forma de poema o de canto que era su manera de decírmelo.

C´ést l´ orage qui mène au port.

Siempre el barco y los mares, las tormentas y los puertos. Tu barco ha zarpado y pronto iré detrás de ti.

A veces despierto y vuelo. Voy por cacaotales y tabacales. Mi padre me llama desde lejos con su guarapón en la mano. Ay tatita.

Y viene mi madre
Inocente mía
Mamita mía
Llévame por el Guayas a recoger frutas y hierbas
Vamos pequeñina
Tómame de la mano
Porque no quiero
Que te pierdas
En las plantaciones
Donde cantan los esclavos
Que llegaron
En barcos inmensos y crueles
Barcos sedientos de oro
Que te trajeron mamita

Que nos trajeron hijita
A estos países que ahora rompieron cadenas y nosotras
podemos correr libres por sus sembradíos entre maizales
Por arenales donde vive la anaconda
La boa de Jamaica
Los saurios de los viejos días de la tierra
Ven mamita
Ven mamay
El atardecer en la Ciudad de los Reyes
Te aguarda
Oremos
A las deidades negras
Y a Cristo
Nuestro Señor del Calvario.

Más sueños o más poemas
Musita una voz
¿Manuela?
Sí, soy Manuela...
En Jamaica estoy
Niña mía
Rosista Campusano Cornejo
En Jamaica
La inglesa

Donde camino bajo tabacales y palmas y puedo armar cigarros y tejer como siempre lo hice aun cuando era soldada o coronela en el ejército de Colombia junto a Simón Bolívar o a Antonio José de Sucre. Mi querida Rosa. Jamaica. Ven a Jamaica. Hay peces y olas y olas y peces y podrás ser muy feliz. Jamaica. Si te animas a venir a estas arenas del Mar Caribe donde está el secreto. El Mar Caribe de los guajiros y los negros que bailan y cantan siempre porque la vida es un canto y un baile hasta que nos llaman las señoras de las nubes o los ángeles como me enseñaron las monjas y entonces nos disponen un lugar para toda la eternidad. Ven querida Rosa. Aquí olvidaremos las infamias y el dolor de la guerra y nos encontremos con ellos, tú con San Martín y yo con Bolívar para caminar por los cañaverales como cuando éramos pequeñas y veíamos a los saurios que corrían y se metían debajo de las piedras. Amiga hermana, ven aunque ahora nos separan muchas leguas de distancia o tal vez nos separen el tiempo y la muerte y la vida o la vida la muerte y el tiempo.

Manuela, soy Manuelita, la Libertadora, la inolvidable tapada por las calles de la Ciudad de los Reyes, como tú, la Protectora, las dos pasando datos para que los libertarios revolucionarios amados pudieron dar las batallas de la emancipación.

Espejo. Otra. Otra mujer. Te miro y eres la misma. La miiiissssssmmmmaaaa. Y beso el espejo, Rosita, la más hermosa de Guayaquil y la más hermosa de Lima cuando paseábamos en calesa por las calles del atardecer y nos saludaban los caballeros con venias y nosotras sonreímos detrás de los abanicos. Y la noche caía y regresábamos al pasado, ese pasado que permanece en las estrellas.

Estrellas
Venus
En las estrellas
Aunque ya nos hemos ido
Para siempre
Descansemos
Rosa
      De los reyes
      De los santos

En Lima donde naciera la otra Rosa, la santa, la beata, la única, la patrona de América.

Espejo de mí misma y de ti misma. Vas ahora en carruaje y te aguarda él para decirte que la patria aun exige más sacrificios. Muchos más. Y ya no te acompaño, porque he sufrido demasiado. Simón fue el que más sufrió entre las traiciones y las ambiciones, las mentiras y el ansia de poder de tantos que no retrocedieron ante el peligro de la disolución y la pérdida de la Patria Grande.

Porque los ambiciosos se adueñaron de las banderas y muchas ciudades participaran de la pantomima para no unirse. El último sueño de Simón fue por el Magdalena, cuando en Santa Marta lo llamó el Único que al universo mueve y lo arrancó de mi lado. Rosa, Rosa, mírate en mi espejo que es el tuyo. Las dos iremos por sembradíos y maizales, por cacaotales y cafetales. Toma, prueba, el azúcar morena con la que hago mis dulces cuando vienen los señores europeos a Jamaica a visitarme. Vamos entre ceibales mientras se mecen los guayacanes y las flores se inclinan, abracémonos como hermanas. Ponte tus mejores galas y yo me podré el uniforme de los Húsares para comandar otra batalla, la única, la final, y los hombres me mirarán admirados, como a ti, mujer niña niña mujer, capaz de pasar los datos más duros de la guerra. Algunos generales nos contemplarán y toda Lima y toda Guayaquil, toda Jamaica, porque iremos de la mano como dos gemelas, tapadas mujeres, veladas mujeres a veces, soldadas y caballeresas en otras ocasiones, como aquel inolvidable día en que el general San Martín nos condecoró con la Medalla de la Orden del Sol.

Sol Inca
Viviente
Inti
Inti por siempre
Inti cuando llegara Pizarro
Sol Inti en tu sangre
En mi sangre
Rosa Campusano.

Voy por las galerías de la Biblioteca. Es el paraíso la Biblioteca. Aquí viven Eloísa y Abelardo y todos los libros de San Martín. El iba con sus libros junto al sable. Y ahora en las galerías puedo sentir el peso de las letras y los folios y el papel. Soy la encargada de cuidar esta biblioteca. Es el centro del mundo. Estoy segura. La Biblioteca de Lima es el centro del mundo porque aquí está su corazón que es el corazón de sus libros que dejaron un poco de luz a esta ciudad de oros y sombras. Voy con mi bastón por las galerías y recito de memoria las cartas de Eloísa a su Abelardo. Se las recité a Ricardo Palma y a Juana Manuela. Fue la luz cuando ellos escucharon esos versos de amor de la Edad Media. Ellos escriben. Escriben sobre el amor. Los libros cada vez se tornan más borrosos y lejanos. Es la vista que me traiciona. A medida que pasa el tiempo veo menos, mucho menos. Alejandro, hijo mío, tendrás que guiarme a medida que envejezca.

DE EUROPA

V.
Grand-Bourg

La tarde envuelve al general de melancolía. Piensa:
El otoño en los árboles y el alma. Camino sobre las hojas secas. Ya soy otoño, o tal vez invierno, con llovizna y frío.
Grand-Bourg es mi otoño ahora, con mi hija y mis nietas. No
sé qué sería de mí sin ellas. Otoño. Mi huerta y mis flores respiran serenas como en Mendoza. Grand-Bourg es Mendoza. O
Lima. Y entonces pienso en tu mano, Rosa, no de otoño sino de
verano en ese invierno limeño tan cálido en nuestros corazones
que parecía verano. Rosa. Flor Eterna.

Rosa me evoca irremediablemente a Guayaquil, su patria,
codiciada por el Perú y por Colombia. Las facciones se dividirían fatalmente y la escisión sería una sentencia de muerte para
la Causa. Además Guayaquil ya estaba perdida para el Perú
y apenas conseguimos unos pocos refuerzos. Era mejor lograr
que el ejército obedeciera a un solo mando. Era necesario terminar la guerra. Quizás Simón no comprendió esto: había que
finalizar y asegurar la libertad cuanto antes para ahorrar vidas
y para evitar la anarquía, propia de las contiendas extensas; el
cansancio, las heridas, las muertes, horadan los espíritus y los
cuerpos. Los desesperados buscan saciar su sed y huir del infierno. Entonces surgen las deserciones, la inconsecuencia y a
veces hasta la traición. Son los límites humanos. Los soldados
no son semidioses; aunque tengan comportamientos heroicos.

Nunca olvidaré ese mediodía. Dos ayudantes de Bolívar
fueron a buscarme a la goleta "Macedonia". La bienvenida fue
afectuosa y plena de honores. Debí rechazar la corona de laure-

les esmaltados que una niña colocó en mi frente. En seguida me reuní en privado con Simón. No almorcé y por la tarde nos encontramos de nuevo: siempre lo mismo: la ansiedad de refuerzos para terminar la guerra y la forma de gobierno para las nuevas repúblicas. Hermano Simón Bolívar, de la Logia de los Caballeros Racionales, como yo, la que fundó Francisco de Miranda en Londres y en Cádiz. Caro Simón, ¿por qué no pudimos acordar en esos puntos? Si los dos habíamos abrazado la causa de la construcción de los pueblos libres, la construcción de los símbolos como determina el Gran Arquitecto Universal. Nuestros cálculos no habían fallado, salvo en un aspecto; el temperamento indómito del continente. Chile me ponía muy nervioso, y más todavía el Perú. Estos países me llevarán a la tumba, pensaba. Se lo dije a Bolívar. Tal vez él comprendía más a los americanos. A pesar de mi origen misionero, de la selva y el guaraní, había algo en mi persona que él no quiso o no pudo ver y eran las enseñanzas de Ricardos y las estrategias de una guerra disciplinada. Una guerra apolínea, jamás anárquica, una guerra de inteligencia, de la cual no estaba exento el espionaje. Los dos veníamos de Francisco de Miranda, los dos veníamos de la Logia gaditana y londinense. Los dos habíamos desembarcado en nuestras patrias para organizar la emancipación. Él, en Caracas, yo, en Buenos Aires, con la Logia Lautaro… Desembarco inútil. Después, Simón Bolívar dijo que había arado en el mar. Yo también pensé lo mismo, pienso lo mismo cuando veo la guerra civil entre los hombres que guerrearon por el continente, hundidos en el abismo de una intolerancia demencial, peleando los de las provincias contra esa ciudad de comerciantes que es Buenos Aires, ciudad capaz de acusarme de ladrón y ambicioso, capaz de perseguirme y denostarme, sin recaudos ni respeto, a carne viva. Tanta mentira. No sé si será maldad o locura. Tal vez sea barbarie. Esa ciudad que me dio la espalda y de la que salí casi huyendo con mi hija, fue capaz de calumniarme y tratarme de soldadote y plebeyo, cuando en realidad los porteños no habían ni siquiera escuchado los acordes señoriales de Lima.

Qué ciudad burguesa resultó Buenos Aires. Comercio y dinero. Dinero y comercio. Mercantiles. A los porteños no les importa América. Simón me lo dijo. Intenté convencerlo y le hablé de tantos patriotas. Lo único que me quedaba era ponerme bajo sus órdenes; pero se rehusó. ¿Por qué? Ahora lo sé. Pensó que yo podía ser un problema para el Ejército de Colombia. Le dije que mis mejores apoyos eran los generales Arenales y Alvarado que no eran porteños, que venían de la tierra de los salares y los cóndores, de Salta y Jujuy, del altiplano, que habían sido formados por Martin Güemes, el guardián de las espaldas del Ejército cuando crucé a Chile y que murió en el invierno de 1821. Pero no hubo caso. Bolívar intuyó que había una plomada que me ataba a Buenos Aires. Tuve que darle la razón. Buenos Aires es burguesa y mira a Europa. No se siente sudamericana. No sé por qué. Nunca lo sabré.

Bolívar no comprendió que las tácticas y estrategias se resolvían en un mapa, con compás y una escuadra, como una geometría y una matemática. Era imposible que nos entendiéramos.

No había lugar para los dos en el Perú. Me parece oír todavía la voz de Tomás Guido que no entendía mi decisión. Siempre Tomás, hermano de las Logias fundadas por Bello y Miranda. Tomás Guido, fraternidad sin igual, indagándome sobre mis decisiones como cuando me pidió que le explicara la razón por la cual no desembarqué en Buenos Aires cuando regresé cuatro años después. Cómo iba a desembarcar si Juan Lavalle acababa de fusilar a Manuel Dorrego. ¿Cómo iba a hacer para presenciar tantos enfrentamientos? Fatalmente, quedaría atrapado en alguna de las facciones enemistadas. ¿Cómo podía aceptar el cargo militar que me ofrecía Lavalle? ¿Cómo podía ponerme al frente de las tropas que luchaban contra otros argentinos? ¿Ha retrocedido la Argentina a los siglos bárbaros? ¿Ha retrocedido a la horda primera? ¿Dónde están las luces de Manuel Belgrano y de Mariano Moreno? ¿El país se encamina acaso hacia un régimen despótico? ¿Quiénes son, finalmente, mis hermanos?

Mi yerno Mariano Balcarce me representa una y otra vez en Buenos Aires para ocuparse de mis propiedades en Mendoza, en Chile y en el Perú y de mis pensiones como Protector del Perú y Generalísimo de Chile. Mis escasas propiedades en América son la pobre chacra de Los Barriales en Mendoza, la casa de Buenos Aires. Mi chacra ha sido casi saqueada, dicen que han robado ganado vacuno. Ah, Mendoza, hacia allá querría partir y quedarme para siempre, entre olivares y vides, cultivando la tierra, como los colonos de Roma. *Oh, Agricolae,* Virgilio, en la clase de latín del Colegio de Nobles de Madrid, *agricolae, agricolae,* a pesar de la familia y el padre militar. Sí, soy agricultor, un labrador, le dije una vez a Rosa. Labrador. Qué mejor destino para un hombre que arar y cultivar la tierra, las flores, el trigo, el maíz americano. Este deseo es la luz de mi alma como el ser pintor de atardeceres en el mar.

¿Por qué fui militar si amaba el campo, el dibujo, la pintura, la poesía y la música? ¿Por qué fui militar? Rosa me lo dijo:

—Es la orden de sus padres, general. Son órdenes que se deben cumplir, que vienen una detrás de otra, de los abuelos, de los bisabuelos, de los tatarabuelos, y hay que cumplirlas.

Ella, la libertaria Rosa, la rebelde Rosa Campusano Cornejo, hablaba de órdenes definitivas. Rosa había entendido el vericueto de mi destino: ahí estaba mi padre, el capitán Juan de San Martín, contemplando distraído y absorto el jardín de la casa de Monserrat cuando yo era un niño y adivinaba su amargura. Mi padre solicitó su licencia del ejército y junto a todos nosotros volvería a España. Lo veo: ahí estaba don Juan de San Martín, teniente gobernador de aquellas tierras impiadosas llamadas las Misiones de Yapeyú, ahí estaba él, y estaban mis tres hermanos varones, militares como yo.

Siempre veo a Juan de San Martín envuelto en su capote bajo las tormentas tropicales y el dolor y las plagas y las alimañas y los indígenas que se rebelan. Allí está el capitán San Martín y sus hijos, que serán militares como él y Elena, hermana querida, y doña Gregoria, mi madre. Bajo las tormentas y los relámpagos de Yapeyú. Tierra barrosa y tormenta, tormenta y tierra barrosa. En seguida vendrá Mariano, hijo, dos veces hijo porque yo quería tanto a su padre. El me trae noticias de la patria. Joven amigo, dilecto colaborador. Mariano es también un buen diplomático. Su tío Juan Ramón Balcarce y el mismo Rosas lo consideran. Él puede ejercer cargos en nombre del país. No como yo, que debí rechazar ser Embajador en el Perú. ¿Cómo volver al Perú? ¿Cómo volver a esa tierra que me acogió y en la que gocé y sufrí? En el Perú dejé una parte de mi alma. Allí fui el Protector, allí hice flamear la bandera bicolor de la patria y proclamé la libertad de los peruanos. *General Péruvien* me llamaban en las tertulias parisienses de Alejandro Aguado. *General Péruvien,* murmuraron las señoras cuando saludé al rey Luis Felipe, vestido con el uniforme de gala de general del Perú. Hay algo de ternura y afecto en ese mote. Sí, soy peruano, pero no podría ir de nuevo a Lima. Se rompería mi corazón. Allá está Lima, la tierra elegida, la isla donde reposan los héroes como Aquiles, el lugar que anhelo y en el que vivo hace miles de años, el lugar que construí al margen de mi familia, de mi herencia, al margen del tiempo y de las peripecias, al margen de los amigos y los enemigos, al margen de Guayaquil y mi renuncia, el lugar de Rosa Campusano Cornejo, la única, la jamás olvidada.

Rosa es ahora la dama que cuida la Biblioteca que fundé en Lima. La que guarda mis libros en francés, la que tiene un hijo que la ama. Si pudiera confortarla. Pero ella es más fuerte que las piedras de la cordillera. El estoicismo le viene de su prosapia guayaquileña. Ella tenía tantas esperanzas de mi encuentro con Bolívar porque deseaba que Guayaquil fuera para el Perú o que fuera independiente. Rosa de Lima, Rosa de Guayaquil, altiva y joven. Fuiste un soldado y comprendiste mi renuncia, creo que fuiste quien más me instó a partir. Lo hiciste por amor porque solamente por amor se puede pedir al amante que se vaya. Te escribí una carta para despedirme. Seguramente la guardas entre tus recuerdos como guardas sin duda mi leontina de oro, mujer amada.

Las hojas crujen bajo mis pies. Pensar que fui joven y llevaba a mi pequeña Mercedes de la mano por Bruselas. Mercedes ya no es pequeña, está casada con Mariano Balcarce. Es madre Mercedes. Madre, el centro de la vida. Como usted, madre mía, doña Gregoria Matorras. Las mujeres de mi vida, Remedios, Mercedes, Elena, hermana querida a quien dejaré parte de mi herencia…Las hojas se aplastan bajo mis pies, estaban ya muertas, no hay ni un soplo de vida en sus nervaduras. Las despedazo bajo mis botas. Miles, miles de hojas, muertas, secas, esqueletos de hojas, como nosotros. Mercedes me recomendó no agitarme.

–Usted, padre, toma demasiado láudano –me reprocha.

–Mercedes, hija mía… Mi bastón también rompe las hojas. Deseaba ver a Mercedes cuando me despedí de Bolívar en el malecón de Guayaquil aquella madrugada de julio, y subí a la *Macedonia*. Pensé en ella. ¿Cómo estaría mi hija en Buenos Aires?, me pregunté. Escribí luego varias cartas, a Bolívar en especial y le envié los regalos: el caballo de paso, una escopeta y dos pistolas. Ahora me reprochan todos o casi todos, mi partida del Perú, mi ostracismo, la carta que le cedí a Lafond para que escribiera *Voyages*. Es un caballero Lafond. Y Madame Lafond es amiga de Mercedes. Le consulté a Mariano. Ya no los tengo a Rudecindo Alvarado ni a Antonio Álvarez de Arenales para consultarles como en el Perú. Ah, Rudecindo, sé que todavía vives y me recuerdas. Sé que la guerra te ha causado innumerables sinsabores, y que volviste contrariado a la Argentina como Tomás Guido y Toribio Luzuriaga. Tantos males arrastró la guerra, tantas desdichas personales, como a O´ Higgins, a Monteagudo, a Bouchard y a los otros.

Este dolor en la cintura no me deja vivir

El capitán Gabriel Lafond de Lurcy leyó y publicó la carta. Lafond es un gran escritor; el mismo Lamartine lo elogia. La escritura, ah la escritura, qué arte. Yo sólo pude escribir cartas, órdenes, proclamas, máximas y partes de guerra.

–General –me dijo Lafond–, usted siempre les habla a los otros.

Yo sé que esa carta es fundamental. Es la memoria que no escribí.

Estas pobres hojas están muertas. ¿Cuánto me faltará a mí? Esa carta. Y las de Bolívar. Hubo que sacarlas a la luz. Jornada extraña la de aquel 26 de julio a orillas del Guayas. Yo había llegado en la "Macedonia". Guayaquil era la patria de Rosa. Ella tenía razón. Bolívar ambicionaba ese territorio. Se lo arrebató a la República del Perú. No fui hábil en la negociación. Pero la suerte estaba echada. Yo no debía quedarme ya en el Perú, ni en Chile ni en Buenos Aires, mucho menos en Buenos Aires.

Ahora, desde el olvido, o quizás, desde la memoria me llega un nombre, Carmen Mirón y Alayón. No sé si O´ Brien o Miller tienen mejores noticias que yo sobre esto, pero me contaron que hay un niño, hijo de Carmen, que nació nueve meses después de ese 26 de julio y que dice ser mi hijo. No sé si Rosa lo supo alguna vez. Es posible, porque todo se sabe. Yo no podía pensar ni en Carmen, ni en Rosa, solamente podía pensar en las palabras que debía pronunciar ante Bolívar. Una por una, pesarlas, dibujarlas en el entendimiento y en el lenguaje, medirlas en su alcance y en su peso. Todo se concentraba en ese encuentro tan esperado y tan postergado. Yo pensaba en los planteos y propuestas que haría y ahora el tiempo me devuelve la mirada enigmática de Bolívar y los laureles con los que intentaron coronarme. Decían que mi deseo era ser coronado rey. Esos calumniadores hacían correr la mentira de que quería ser rey. Le cedí a Gabriel Lafond la carta, para que se sepa de una vez por todas la verdad o parte de la verdad. Tanta maldicencia, tantos rumores en Chile y sobre todo en Buenos Aires, voces de calumniadores que no cesan en sus felonías. Casi me detienen en Buenos Aires. Quizás iban a matarme. Me acusaban deególatra y ambicioso, un soldado oscuro que deseaba ser rey, príncipe, pero que era en realidad un demonio. Buenos Aires, Buenos Aires, ciega Buenos Aires. No me recibiste hace veinte año porque corría ya sangre de hermanos, no me recibiste porque sabías lo que pensaba, que odiaba las guerras civiles. Lavalle había fusilado a Manuel Dorrego. Los dos murieron jóvenes, me precedieron en el descenso a las sombras. A mí me queda poco. Así es, Señora, magnífico cierre, conclusión cierta cuando mire estos rosales por última vez. Señora mía, la espero. Ah, Buenos Aires, siempre Buenos Aires, allí estaban Remedios y Mercedes, los Escalada, los amigos, pero también dominaban los otros, lo que odiaban, los que iban a matarme si podían.

Muchos me dijeron que me había retirado de Lima cabizbajo y vencido. Hasta hablaron de abdicación como si yo fuera un monarca. Nunca estuve tan decidido como en ese entonces. A la América del Sur le aguardaba y le aguardan más años de combate, es como si estuviera en su linaje. Bolívar no quiso terminar inmediatamente la guerra. El no avizoraba el desorden y la anarquía. Después lo sufrió en carne propia porque le esperaba la traición y la soledad, una muerte ingrata, huyendo hacia un final anunciado y previsto. Intenté hacerlo comprender; pero fue en vano. La gloria de los triunfos, Riobamba y Pichincha, Carabobo le cantaban loas a su oído. Simón no era desconfiado. Ponía el pecho. Cierro los ojos y se acercan los fantasmas de

España, mi padre, mis hermanos, Ricardos, la "Santa Dorotea", los franceses, Bailén, la entrada en Madrid y luego Londres, la Logia donde me enseñaron las estrategias de la razón, sus vericuetos hasta llegar a la acción, el peso de la historia y sobre todo me enseñaron a desconfiar del poder que se retira. El alma humana es misteriosa y se extravía. Solamente la Razón puede dar alguna respuesta. Después de Guayaquil, nuestras filas se dispersaron casi anárquicamente, algunos valientes como Alvarado, Tomás Guido y el triste Luzuriaga retornaron desencantados, si puede decirse así, pues eran soldados de verdad, endurecidos por la guerra y dispuestos a cualquier sacrificio.

Cuando *Voyages* se publicó, Lamartine saludó la edición. También Alberdi y Sarmiento publicaron la carta a Bolívar. Ellos son jóvenes todavía y poseen una inteligencia de una claridad envidiable y además escriben. Yo no tengo tiempo para escribir, se lo dije a Alberdi:

–No tengo tiempo, amigo.

O quizás mi tiempo se agotó en las batallas, porque morí con cada uno de los que morían. No hay nada peor que ganar una batalla, había dicho Lord Wellington. El costo del triunfo es mortífero. Y pienso en Bailén, tantas bajas, tantos jóvenes para espantar a los franceses de España. Tantas muertes, 2.000, 3.000, 5.000… Números… Chacabuco, Maipú, Ayacucho que comandó Bolívar, Pichincha con Lavalle. Cientos, miles de muertos, y los pobres negros de Mendoza y los libertos de Lima, que dieron su sangre. A ellos les debe la libertad el suelo americano. Pienso en Lord Wellington dolido por las 50.000 bajas que costó la rendición de Napoleón. Conocí Waterloo hace años, cuando vivía en Bruselas y Mercedes estaba internada en ese colegio que me trae el recuerdo de su enfermedad de escarlatina. Creí que mi pequeña moriría. La enfermedad de los hijos es el suplicio de los padres. Entonces la traje a París, porque había paz y seguridad. Pero por desgracia ahora esta ciudad es un hervidero, habrá que irse a Boulogne-sur-Mer. Ya han alquilado la casa allá y dejaré Grand-Bourg, dejaré mi taller de carpintería y mi jardín, mis rosales y mis dalias, pobres flores, como las que cultivaba en Mendoza. Acá tengo mi caballeriza y mi cochera, mi bodega y mi granero. Pero deberé dejarlas. Tantas cosas debí dejar. Dejé mi vida, dejé mi tiempo. Por eso no tengo tiempo para escribir, como le dije a Alberdi. Mi tiempo ya fue. Estoy vaciado de tiempo, estoy al tope de mis días. La vida se acorta a pasos agigantados.

Se lo había prevenido a Simón. Tantos años de combate traerían anarquía, un retorno a los tiempos bárbaros. El continente quedaría a la deriva. Asesinaron a Sucre, el peor golpe que recibió Bolívar. El mismo murió solo y en la pobreza, desobedecido y perseguido. Muchos oficiales se suicidaron. Lo habíamos pensado ya en la Logia de Cádiz y en la Lautaro de Buenos Aires. La campaña debía ser rápida, si se prolongaba, sería un error irreparable. También Carlos de Alvear lo pensaba; aunque no lo parezca. Él ama la gloria, es rico. Lo comprendo, no sé cómo un hombre puede superar la impresión de ver morir a su madre y a sus hermanos en un naufragio, como le ocurrió a él. Pero la guerra enseña a superar todo. Yo sufrí por mi padre vencido y enfermo. Mi padre fue un gran hombre maltratado por el Rey; el Capitán Juan de San Martín fue maltratado por la Corona de España y su administración. Sin embargo él dio todo por el Reino de España, dio su juventud, su salud, su fe, lo dio todo, tuvo que resistir los incendios y los asedios de los guaraníes en esa tierra brava a la que llaman Yapeyú en las antiguas misiones, sobre el río Uruguay, donde aprendí a caminar y a hablar en guaraní, con mi nodriza la Rosa Guarú Cristaldo, madrecita india, a la que le hice llegar un relicario cuando estuve en Buenos Aires, y que me pedía que volviera al taragüí. Allí vivimos con nuestro padre, don Juan, en medio del calor, de las sierpes, de las fieras y las intrigas de otros españoles como él y de criollos. De regreso a España, mi padre dejó al Rey su mejor legado: sus cuatro hijos militares. Juan de San Martín vive en mi memoria. El no sabrá jamás que fui a Buenos Aires, que me casé con Remedios, que me convertí en el Protector del Perú, que di la libertad a Chile, que crucé los Andes con cinco mil hombres, no sabrá de mi estrategia en Chacabuco y en Maipú, la expedición a Lima por mar, no sabrá que fundé una república y una bandera, en suma que levanté mis armas contra su Majestad, que anulé los cementerios en las iglesias, que di la libertad a los esclavos negros y a los indios, que fundé bibliotecas y permití el libre comercio, que tuve a oficiales ingleses y franceses bajo mis órdenes, que autoricé la guerra de corsos contra los barcos de la Corona, y que me exoneraron para siempre de España por haberme comportado como un insurgente.

Y no sabrá que dejé mis cientos de libros en francés en la Biblioteca de Lima que fundé y que ahora cuida Rosa Campusano Cornejo, porque ella ama la literatura francesa y la Ilustración. Hablábamos en francés con Rosa. Como Manuela Sáenz, ella hablaba francés. De padre hacendado y madre mestiza, doña Felipa Cornejo, en ella hablaban lo español y lo americano. ¿Cómo estará ahora esa hermosa patriota? Le dejé mi tiempo. Rosita amaba la música también. Tocaba el clavecín y yo la guitarra. Ella amaba mi voz y yo la amaba a ella. Cuánto quise a Rosa Campusano. Pero mi suerte estaba ya echada. Ella se quedó con otra parte de mi existencia, la que desgajé en jirones y tuvo un hijo con un alemán. Me gustaría conocer a ese joven. Se llama Alejandro. Debe ser bello e inteligente como su madre. Pero ya no hay retorno. París está convulsionada por soñadores e ilusos que hablan de proletariado. En la casa de la Rue de Saint-Georges se oyen alaridos y tiros. Derrocaron a Luis Felipe de Orléans. Iremos a Boulogne-sur-Mer, a un primer piso en la Grand Rue.

Fui feliz en Grand-Bourg, si la felicidad existe. Alternábamos con la casa de la Rue Saint-Georges en el centro de París que compré al año de comprar Grand-Bourg. Acá Mercedes conoció a Mariano, el hijo de Antonio González Balcarce, amigo y compañero de armas. Valientes los Balcarce, como los Escalada, los Necochea, los Olazábal, los Olavarría. En Grand-Bourg hacía enganchar el carruaje los jueves al mediodía y podía ir a ver a mi amigo el marqués Alejandro Aguado, a Petit-Bourg. Petit-Bourg, esa mansión de mármol y arte. Alejandro poseía una gran colección, allí estaban los españoles, los italianos, la escuela flamenca y los franceses: Murillo, Zurbarán, Da Vinci, Rafael, Tiziano, Tintoretto, Rubens, Rembrandt, El Greco, Delacroix, David, Poussin, Canova, Boucher, Watteau. Aguado me nombró su albacea, incluso de esas obras de arte. Alejandro Aguado, el Marqués de las Marismas, camarada, soldado como yo, muerto de manera cruel por la inclemencia del clima de España y por su corazón que le jugó una mala pasada. Mi testamento incluye todo su legado pero por sobre todo incluirá mi alma. Tantos han partido ya, Alejandro, Bernardo de O 'Higgins, mis hermanos Juan Fermín y Justo Rufino. No pude abrazarlos. Mis tres hermanos eran oficiales de la Corona, como yo, el Teniente Coronel José Francisco de San Martín. Irme de España, irme de su ejército me valió el alejamiento de mis hermanos, sobre todo de Manuel Tadeo, realista y fiel al ejército del Rey de España. Ni cartas quiero de él. Ni cartas. Yo que amé recibir cartas y contestarlas. Le escribí también cartas a Rosa. Cartas secretas. Es mi trabajo, mi desahogo: lo epistolar. Y la carpintería o limpiar mis pistolas y escopetas, o dibujar. Ahora las cataratas no me lo permiten. Me estoy quedando ciego.

–Ah, padre, ya es tarde. Basta de trabajar –me reprocha Mercedes.

Ahora ella debe leerme la correspondencia y los libros porque mis ojos están muy cansados. Mercedes es la matrona, la señora de la casa de Grand-Bourg. Con sus hijas y con Mariano ejercita su dulzura. Yo la eduqué. El militar pudo educar a una

108

niña. Y esa niña no pudo darme nietos varones. Ah, Mercedes, Mercedes, naciste en el año16, cuando en Tucumán vitoreaban la independencia. Por fin, la independencia tomó forma en esas Provincias mientras preparaba el cruce de la cordillera de los Andes para ir a Chile y desalojar a los españoles, rodearlos, y luego seguir al Perú por el Pacífico. A veces pienso que Mariano Balcarce es el mejor hombre que pudo encontrar mi hija. El la protegerá cuando yo muera. Y protegerá a mis nietas que ya son señoritas. Mariano es inteligente y culto, digno hijo de su padre. Le dije eso a Tomás Guido y él lo debe de haber comprendido. Lo comprendió y pensó que yo armé el casamiento de mi hija con Balcarce. Estratega al fin, político, debe de haber pensado eso de mí. Pero no fue así. Si Guido lo pensó, se equivocó. Después de la peste del cólera en esta casa, en toda París, con Mercedes enferma y yo como siempre achacoso, vino Mariano a curarnos. Porque él era un joven médico. Ellos se enamoraron, como cuentan esos libros alegres, novelas que les dicen, que no narran aventuras ni hazañas como *Don Quijote*, sino amores devastadores e inquietantes, hasta prohibidos, como los que leía Rosa Campusano en su alcoba. Ellos se enamoraron.

–Escribo cartas –le digo siempre a Mercedes.

Todavía puedo escribir. Así lo hacía en Lima, en Mendoza o en Santiago de Chile. Podía escribir, luego del almuerzo, medio parado porque no había tiempo, por la noche, a la luz de un farol o de una vela. Escribía cartas. Arduo trabajo de un general. Mercedes y Mariano serán los depositarios de ese testamento epistolar. O las niñas, María Mercedes o Josefa. Ahí están todas las cartas, a Guido, a Alvarado, a O´Higgins, a Miller, a Castillo, a Rosas, a Olazábal, a Lafond y a Bolívar. Con Simón intercambié poca correspondencia. Poco supe de él luego de Guayaquil, salvo las noticias oficiales en los periódicos o por algún viajero. Pero ahí está su retrato, la miniatura que me regaló luego de nuestro encuentro. Mi hija guardará ese recuerdo.

Me parece que se acercan Mercedes y sus hijas. Las oigo conversar. ¡Cuánta vida traen entre sus manos! Sus sonrisas y sus voces salvan a este viejo con gastritis, úlcera y reuma. Toso por las noches y a la madrugada, el opio ya no me es suficiente para los dolores. Por suerte puedo seguir fumando. Pico mi tabaco y armo mis cigarros en chala. Sigo con mi costumbre del té o café en bombilla. Mi memoria aún puede evocar detalles y situaciones. Las enumero y las ordeno en mi mente. Diez años en el ejército de la patria y veinte años en el ejército del Rey. Iré a reunirme en el lugar que Dios me asigne con los guerreros, los pequeños y los grandes. A menudo me sofoco y me fatigo. Mi dolencia son los huesos y el estómago, esa úlcera que no cicatriza, como no cicatrizan las heridas de las batallas, aunque uno no las reciba, sobre todo las heridas de los jóvenes y sus muertes.

—Así es, general, usted lleva a su cuenta cientos, miles de vidas —me dice una voz.

Es mi carga. No sé si podré atravesar el Aqueronte con tanto peso. Tal vez me hunda como en el naufragio donde murió el doctor Paroissien que me curaba. Él salvaba vidas, yo las condenaba por una Causa, la Razón y la Libertad. Me acuerdo que ya se fueron casi todos, Monteagudo, Güemes, O´Higgins, Aguado, Justo Rufino, Juan Fermín, Luzuriaga, Bouchard, Lavalle, Bolívar, Sucre, Necochea…. Paroissien, Crámer, Torre Tagle, Estanislao Soler, Luzuriaga, Félix de Olazábal, héroe de Pichincha, como el otro, Juan Lavalle, el León de Riobamba, Pringles, Sucre, Bolívar, Brandsen y los servidores del Rey: Canterac, Olañeta, el Virrey Pezuela, De la Serna. Pronto será mi turno, porque me iré una tarde seguramente cuando desde la otra orilla me llame un barquero como Bouchard para ayudarme a cruzar el río definitivo. Y le diré adiós a Mercedes. Hija mía, te diré adiós y luego me seguirás como yo seguí a mis padres y a mis abuelos. Y me seguirán Mariano y María Mercedes y la pequeña Josefa. Me seguirán todos, y así por los siglos de los siglos y las generaciones sobre la tierra.

Allá está Toribio Luzuriaga, héroe de Pichincha, veterano de Suipacha, valiente general al que hice Mariscal del Perú. Primer peruano en ocupar ese cargo. Condecorado con la Orden del Sol.

—*Simón Bolívar no me quiere en el ejército. Por eso estoy ahora en Buenos Aires, criando ganado. Pero estoy en la miseria, tuve que vender mis medallas, general.*

Y sobre su frente se cierne una sombra.

—*¿Qué dice usted, Luzuriaga?* —*le pregunto con un raro presentimiento.*

—*Algo sin importancia, general.*

Camina sereno. Va con su uniforme de mariscal. Echa mano a su pistola. Suena un disparo. Toribio cae al piso, se desangra.

También mi secretario Álvarez Condarco vive en la miseria, me han dicho. Tanta desdicha, Federico Brandsen, apresado por Bolívar, perdonado luego, pero finalmente exiliado. Compadre Brandsen, ilustre parisiense del ejército napoleónico, muerto en Ituzaingó por capricho de Carlos de Alvear, siempre empecinado e intratable. Estaba equivocado Alvear. Y Brandsen le obedeció y ofrendó su vida. A la batalla la salvaron Iriarte, Soler y Paz, por lo que dicen los testigos y los partes.

Bouchard, Monteagudo y Sucre asesinados; Pringles, Dorrego, Crámer y Lavalle, muertos por la guerra civil. O'Higgins y Arenales desterrados para siempre y el triste Manuel Necochea de quien me llegaron noticias de Miraflores, donde murió. Ninguno volvió a su patria. Como yo.

Muertos, muertos y más muertos.

En Roma en el Hotel Minerva, me acordé de mi padre. Quizás el lugar, los restos latinos, Bernini, Borromi, la Vía Apia, San Pietro. Me acordé de Don Juan de San Martín. El cielo de Roma, rosado y azul, me hablaba de mi padre. Y pensé durante horas y horas en él.

Mi padre, que soportó los rigores de la Corona; pero que fue siempre un súbdito fiel y un oficial leal, como sus otros tres hijos y Elena, la que nació en agosto, día de Santa Elena, un agosto de fuego, allá en América. Me acuerdo de mis hermanos y de Rosa Guarú, mi nodriza amamantándome, de sus cantos en guaraní y de mis juegos. Justo Rufino y yo jugábamos con los niños indios. Qué extraña esta sensación que me invade. Pienso en Rosa Guarú y el corazón me salta de modo inusitado, aún hoy, que ya soy un viejo. ¿Por qué?

Duele el acero en la carne. El frío y el filo del acero en el cuerpo. He visto a tantos hombres atravesados por bayonetas y espadas. Corre la sangre, ellos palidecen, cierran los ojos o los abren desmesurados para pedir auxilio o para despedirse, mientras agonizan, mientas exhalan el último estertor, y quedan inertes, a veces gimen, o se quejan. Los he visto, a algunos los tuve en mis brazos cuando murieron. El campo de batalla es un lago de sangre y de humo. Yo lo sé. Duele el acero en la carne. Los señores de café, los señores de levita y de salón no lo saben. Eso lo sabemos nosotros, los soldados. Me hirieron miles de veces cuando herían a mis hombres. Sobreviví con una marca en la frente, la marca del pecado que borrará el juez del Infierno cuando me condene o que borrará la tierra que cubra mi tumba, que es lo más seguro que ocurra, porque allá estará el regreso buscado, el puerto seguro desde que nacemos, la palabra definitiva, la razón última de nuestra vida, el encuentro con Ella, Gran Señora de los mortales. *Nuestras vidas son los ríos/ que van a dar en la mar/ que es el morir.* Pero hay otra herida, esa daga incierta en el corazón se llama Rosa, la que me crió hasta que nos fuimos a Monserrat en Buenos Aires. Ella estaba en mis sueños. Sentía su voz y su olor… Tantos años, tenía apenas once años entonces y a los trece combatí. Don Juan de San Martín, a usted, mis triunfos y fracasos, perdóneme por no haber seguido sus pasos y servir al Rey, perdóneme por no comportarme como el castellano que fue usted, perdóneme, padre, pero el mundo se mueve por nueva sangre, por nuevas ideas, por la Razón, por la Libertad, por el Hombre que es dueño de su destino, porque no hay lugar en el mundo para la esclavitud, ni para los pueblos esclavos. El mundo que viene será de hombres libres, los pueblos, los ejércitos y las ciudades tendrán su base en la ilustración y las luces. Y la paradoja surge, padre. Si no hubiera sido por usted, por su enseñanza y su rectitud no sería el que soy. Por eso fui capaz de negarme a las órdenes del Rey, a su ejército y a sus generales. Por eso fui capaz de negarme a seguir sirviendo al pabellón del Reino de España, a pesar de haber peleado tantos años por él, porque mi razón y mi alma me lo exigían. Era una orden que emanaba de una causa suprema, la causa de mi propia conciencia. No podía servir a una causa con la cual estaba ya en disidencia a costa de mi moral. No podía vender mi conciencia y mis convicciones porque eso significaba una traición a mí mismo. Debía elegir. Usted, padre, me enseñó la altura moral necesaria. Debía asumir lo que me dictaba mi razón y que era luchar por la libertad de América y la de mi patria, por un nuevo orden, y contribuir a que la igualdad entre los hombres y los pueblos se extendiera por el mundo. Ya no era joven cuando me fui, era un hombre maduro, había ofrendado al Rey toda la fuerza de mi juventud y un torrente de ideas me conmovía, no, no era ya posible que mi otra mitad, la de mi infancia, la de ese país nuevo e inexperto, la de mi taragüí y la de Rosa Guarú, permaneciera sumido en un régimen colonial, de virreyes, señores y esclavos.

Hubo también dudas con eso. En Lima advertí el espíritu monárquico de la ciudad. Lo peruanos eran monárquicos, había que comprender esa educación, esos anhelos. Se lo dije a Bolívar…Quizá él no comprendió.

A la América del Sud le aguardaba la guerra civil, la división, el desencuentro. Entonces no dudé y la balanza se inclinó hacia donde debía inclinarse. Ya no había lugar para mí en el Perú, ni en Chile ni en la Argentina. Los hombres se encolumnarían detrás de Simón. De lo contrario habría escisión. No, yo no sería la causa de tal división. Mi partida atemperaría la fragmentación del ejército. Y se pudo terminar la campaña en Junín y Ayacucho, con Bolívar y Sucre a la cabeza.

Quedaría Juan Antonio Álvarez de Arenales al mando y yo partiría a Mendoza. Me hubiera quedado allí. Las malas lenguas dicen que me hubiera quedado con la viuda de Ruiz Huidobro; pero lo que yo anhelaba era ver a Mercedes y a Remedios. Y no pude ver a Remedios. Solamente pude escribir su epitafio. Amiga, esposa y madre, mujer elegida por mí para ser mi compañera. Todavía la recuerdo el día del casamiento en Buenos Aires. Ahí estaban Carlos de Alvear y su mujer Carmen Quintanilla, los padrinos. Besé a Remedios en la frente. Nunca supe si me amó verdaderamente. Esa no es una pregunta para un hombre ni para un esposo. El matrimonio es amistad, acuerdo, contrato. El amor es para los poetas. Aunque a veces nos sacude el corazón, una o dos veces en la vida. Remedios era reservada, como una niña, me hacía sentir lejano. Y yo naufragaba siempre en mi isla. Mercedes es la bella y prudente hija que engendramos. Hubo un hijo que no nació. Tal vez hubieran llegado más hijos sin ella no hubiera contraído ese mal terrible y yo no la hubiera dejado tantas veces por mis campañas militares.

Iré a mirar mis flores. A Rosa le gustaban las flores, a ella, que se llamaba Rosa. ¿Cómo estará en Lima? Me dijeron que renguea. No nos dijimos adiós. Yo le escribí una carta de despedida. A ella y a Tomás Guido cuando dejé Lima y volví a Chile.

—Adiós Rosa. ¿Me amaste?

–Claro –dice ella–, desde el tiempo y la distancia. Sigo sola, como siempre. Me casé, tengo un hijo, Alejandro. Ahora uso un bastón y todavía camino entre tus libros.

–Claro –digo yo–, ¿caminas entre mis libros? ¿Y Manuela Sáenz, sabes algo de ella? Debe de haber llorado por Simón; aunque era mujer de no llorar…

Iré a Aix Chapelle a tomar baños termales. Quizás por última vez.

VI.
Boulogne-sur-Mer

Mercedes Tomasa de San Martín y Escalada de Balcarce recuerda:

Tosía mucho, a veces se inclinaba a causa del dolor, seguramente por su úlcera en el estómago. Cuando se reponía me pedía algún libro.

–*La piel de zapa* –me dijo una tarde–. Léeme, hija, por favor, este libro de Balzac, con quien compartí tantas tertulias en casa de Alejandro Aguado.

Esa novela le pareció inigualable.

–El deseo humano –me dijo–, la ambición burguesa por el dinero pero sobre todo el deseo de felicidad. La soledad de cada vida y el misterio del amor, la búsqueda de algo supremo, que al fin y al cabo es la muerte –me comentó cuando leía las últimas páginas.

"Será escarmiento de la vida humana / ¡Tanto se emprende en término de un día!" –recitó.

La muerte del tío Justo Rufino y la del Marqués Aguado lo habían golpeado. Amaba sus dalias y su carpintería pero las cataratas que lo dejaban ciego cercenaban su mundo. Alejandro Aguado se fue de golpe, de repente. Todos recordaremos ese día, cuando llegó la triste noticia. Pensar que mi padre iba a ir a España con su amigo…Y quizás hubiera sido víctima también de la tormenta de nieve que arrasó con el Marqués.

A veces se quedaba pensativo y miraba el vacío. Eso vio Sarmiento en Grand-Bourg y dijo que el general San Martín veía fantasmas. No eran fantasmas, era el recuerdo recurrente de las batallas, de los desencuentros y las luchas vanas. Como buen escritor, Sarmiento adivinaba los fantasmas de los otros, los que conmueven cuando se escribe. Mi padre se entendió muy bien con Sarmiento y Alberdi, porque ellos eran escritores y lo comprendían. Él todavía redactaba cartas, decenas de cartas, a Lafond, a Guido, a Rosas.

No permitiré que se lo lleven de mi lado. Ha sufrido mucho. Dijo que quería que su corazón descansara en Buenos Aires; pero esa ciudad no fue buena con él. Lo denostaron y persiguieron. No pudo ver a mi madre que agonizaba. Tuvo que partir. Buenos Aires, urbe de mercaderes, es maestra en el arte de difamar. Y pienso en mi abuela Tomasa que tanto me quería, pero que era intransigente con él. Mientras yo viva, el general San Martín permanecerá con nosotros, en tierra francesa.

Cuánto sufrimos cuando llegaron aquella vez noticias de Roma que nos decían que el general había enfermado, que casi murió pues perdió el conocimiento. Él se había hospedado, en uno de sus viajes a Italia, en el Hotel Minerva, cerca del Panteón y frente del templo de Santa María sopra Minerva. Un símbolo, Minerva, la diosa racional y cerebral de la guerra, la nacida de la cabeza de Zeus. Cuando mi padre regresó a Francia me contó que había estado en esa iglesia donde descansa Santa Catalina de Siena; pero que tiene sus cimientos sobre el templo romano y que sintió una gran emoción. De pronto un vahído le nubló la vista y un dolor en el pecho lo dejó sin respirar. Salió y logró llegar al hotel, intentó acostarse pero se desvaneció. No recordaba más. Se despertó rodeado por los médicos, algunos amigos y el personal el hotel que lo contemplaban asombrados. Uno de los doctores le dijo que prácticamente había estado muerto, pues había tenido un infarto de corazón.

–Fui y volví, hijos míos –nos dijo con ironía–. Sí. Estaba a punto de partir y sentí el canto de un ave, vi sombras, una barca y pensé que la vida no fue mala para mí, a pesar de mis culpas. Me acordé de los días de la infancia en Yapeyú junto a mis hermanos y a María Elena que cantaba. Sentí un gran alivio y sonreí. Me desperté. Ahí estaban los médicos que me tomaban el pulso.

Desde entonces lo cuidé mucho más; aunque él se resistiera, porque como todos los hombres no advierte la verdad de la vida, o sea la muerte, no sé, lo mismo ocurre con Mariano que envejece. Hay algo, muy profundo, que las mujeres logramos avizorar pero ellos no pueden. Es un espacio misterioso el corazón de los hombres, un espacio que solamente ellos conocen y que nosotras adivinamos pero no comprendemos en su totalidad, un lugar ignoto, inaccesible...

Desde que era una niña, siempre lo miraba pintar sus cuadros con barcos y nubes. Amaba el mar.

–No soy tan gran dibujante como Álvarez Condarco –me dijo sonriente una tarde–. Álvarez Condarco dibujaba de memoria los mapas de los pasos de la Cordillera de los Andes. Fue ingeniero, matemático, geógrafo y mi mano derecha en Chile. Sé que no retornó a su Tucumán. Vive en Santiago, en la pobreza, como casi todos.

Qué lejos aquellos días cuando atravesamos el océano en el "Bayonnais", rumbo al Havre y después a Londres. Yo era una chiquilla malcriada por la abuela Tomasa. Mi padre era todavía joven y rígido, pero yo sabía que me quería mucho y que había retornado desde Cuyo a Buenos Aires por mí, como cuando dejamos Bruselas por París porque pensaba en mí. Me quería mucho, aun cuando me ordenó en el barco que permaneciera en el camarote en castigo a mis caprichos. Durante varios años fue a tomar baños termales a Enghien. Los baños le hacían muy bien. Volvía rejuvenecido.

Dejamos la casa de Grand-Bourg... Allí vivimos con Mariano y por allí corrieron mis hijas, crecieron, se hicieron señoritas... Fueron años felices con las niñas y con los amigos de mi padre, con sus salidas a Petit-Bourg, el palacio del Marqués Aguado, su gran amigo. Fue un duro golpe su muerte inesperada e injusta. El Marqués nos invitaba a La Ópera. Mi padre amaba la música, el arte, los cafés de París.

Cuánto tiempo ha pasado. Nos fuimos de Grand-Bourg para venir a Boulogne-Sur-Mer, que está cerca del mar que él ama y que pintó en sus cuadros. Tormentas y cielos y nubes. ¿Por qué fuiste militar, padre? Podrías haber sido un gran artista. Amabas la música, la pintura, la literatura, amabas la naturaleza, tu huerta, tu jardín…

–Decisión de familia, a imagen y semejanza de mi padre, el capitán Juan de San Martín. Todos mis hermanos son militares –me dijo una vez.

Por suerte conseguimos con María Mercedes y Josefa Dominga que posara para el daguerrotipo. Su retrato, las generaciones que siguen tendrán su retrato. Lo colocamos junto a la miniatura de mi madre y la de Simón Bolívar en su cuarto.

Madre, ¿por qué me dejaste cuando era tan pequeña? Luego de ese viaje contigo y tu ataúd por si morías rumbo a Buenos Aires porque el general San Martín debía cruzar la cordillera para llevar su ejército a Chile, todo cambió para mí. Había retornado a la casa de la abuela Tomasa junto a una madre que era ya una muerta. Entonces la abuela me protegió, me mimó, me enseñó todo lo que una niña debe saber. Todavía la veo entristecida diciéndome adiós cuando mi padre me trajo a Europa. Yo tenía que reconocerlo, luego de tantos años, tenía que reconocer a ese hombre alto y de ojos profundos, de voz firme que me llevaba de la mano y me ordenó que embarcara. Fue difícil, no lo comprendía y él no me comprendía a mí. Fue un largo viaje al exilio, pero luego volví a Buenos Aires con Mariano y allá nació María Mercedes. Se extrañaban de mi modo de hablar en casa de los Escalada. Yo había aprendido el inglés y el francés en Bruselas. En la casa de París hablábamos en francés y en castellano. Y se extrañaban todavía más cuando invitaba a las criadas a hacerme compañía, a sentarse a mi lado en la sala. Se extrañaban de mi amor por los animales. Todo lo había aprendido, hasta aquello de abrir la ventana para no matar a una abeja o a una mosca.

–No lo haga señora. Hay mucho viento –me recomendó una de las sirvientas negras de los Escalada, cuando pretendía dejar salir a una mariposa de la luz aprisionada entre los cortinajes.

–No lo haga –repitió.

Y yo le contesté:

–Pobre animal, pobre animal.

–Son feas y pestosas –me dijo ella.

–Pero debe vivir –le dije–, debe vivir.

La vida, bien supremo, la vida, entonces ¿por qué las batallas y las guerras? Pareciera una contradicción; pero no lo es, porque cuando se lucha por la libertad de los pueblos, todo acto se torna heroico y sublime.

Buenos Aires, Buenos Aires, allá está la tumba de mi madre. El quería estar junto a ella, me dijo, en el cementerio de la Recoleta. Cómo sufrió mi madre. Soledad, enfermedad, olvido. Y él sin poder verla. Mi madre murió sin ver a mi padre. Así es la guerra, y la peor, la guerra civil. Rivadavia pensaba encarcelar al general San Martín. Tanta patraña, tanta miseria y egoísmo. Lo esperaban para apresarlo o para matarlo. Por eso cuando él llegó desde Mendoza, en seguida me trajo a Europa. A veces pienso en las habladurías y en los cuentos sobre Rosa Campusano Cornejo, la supuesta amante de Lima. Nunca osé averiguar ni preguntar. Él era un soldado, un hombre comprometido solamente con la causa de la patria, ese bien supremo. Ninguna mujer podía suplantar ese bien, ni siquiera su esposa, Remedios de Escalada, ni siquiera ella. Mucho menos la guayaquileña. Aunque dicen que era hermosa y que vive aún, que tuvo un hijo y que camina con bastón, que se mantiene con la pensión que le otorgó el gobierno del Perú y que cuida la Biblioteca que fundó el General San Martín. No sé si Rosa ocupó alguna parte del corazón de mi padre. Nunca lo sabré, pero en los últimos años supe que nosotros nos convertimos en su causa, su tiempo, su casa, su alma.

En Buenos Aires nació María Mercedes. Eran años de desencuentros: federales y unitarios, la figura de Juan Manuel de Rosas cubriendo el país. Mariano soportó las idas y venidas de los abogados y albaceas, de los políticos y de las intrigas. Volvimos a Europa. No sé si volveré alguna vez a la Argentina. A Mendoza, sí, a la tierra donde nací. Mi padre hablaba siempre de Mendoza, quería volver allá, morir en Mendoza, me dijo.

–No volveré a Buenos Aires –me confesó en una ocasión–, sí iría a Mendoza, a mi chacra, a descansar mis huesos para siempre, miraría los viñedos y las higueras como los poetas virgilianos. Dejé instalada una bodega allá. También me gusta Tucumán, a pesar de los tiempos difíciles que pasé ahí por la improvisación de los militares, enfermo y contrariado por un ejército indisciplinado y dividido; pero me gusta Tucumán, Mercedes, iría, en verdad, a vivir en Tucumán. Pero de algo estoy seguro: quiero que mi corazón descanse en la Argentina, en el cementerio de La Recoleta, junto a Remedios. Digo el corazón porque es el símbolo de la pasión y de los ideales.

Así me dijo, pero yo sabía que él amaba también a Lima, esa ciudad parecida a las ciudades españolas, con sus corridas de toros, balcones andaluces y sus serenatas. Pero llena de intrigas.

Ay, padre mío, yo sé que de veras amabas París, sus cafés, sus avenidas, su invierno a menudo cruel pero que te recordaba otros inviernos, los de Mendoza y los de Chile, junto al fuego. Sé que amabas el mundo hogareño de tus rosas, tus dalias, tu carpintería, tus perros y tus carruajes, hasta que vinimos a Boulogne-sur-Mer y tuviste que viajar en tren hacia París, esa ciudad de luces, decías.

–Tuve que dejar Buenos Aires, mi vida corría peligro allá. Y Buenos Aires desairó a todo el continente y a Bolívar –decía él. Bolívar, siempre Bolívar en sus recuerdos. No se habían vuelto a ver, pero a pesar de las cartas, a pesar de los dichos, yo sé que mi padre le tenía gran aprecio a Simón Bolívar. Mientras tanto su salud se deterioraba, a pesar de su alta voluntad y su espíritu siempre listo y atento. En los últimos tiempos había que ayudarlo a subir las escaleras porque se agitaba. Es la cercanía de la muerte –nos había dicho. Luego de *La piel de zapa,* logré leerle *Eugenia Grandet* y *Papá Goriot.*

–Estos libros no son precisamente alegres –comentó con una tenue sonrisa–, como decía antes; son historias amargas, con toques de ironía pero muy amargos. Balzac es un gran escritor porque muestra la vida, la decadencia, el egoísmo, los sentimientos más crueles pero también los más altos, la única verdad: el ser mortales y finitos, con el tiempo como verdugo y los sueños desvanecidos en un andar que comienza en la infancia y termina cuando envejecemos y morimos.

Mis hijas, María Mercedes y Josefa Dominga ya eran señoritas y acompañaban a su abuelo en los paseos. Se entristecían porque advertían que el desenlace estaba cerca. Pensar que Josefa Dominga, mi Pepita querida, tenía la misma edad que mi madre cuando se casó. El tiempo se repite, una y otra vez, María Mercedes y Pepita son también Remedios, mi madre, y son yo misma cuando me casé con Mariano, los mismos gestos, los mismos ojos, la misma sonrisa. El tiempo, amo supremo, pronto nos cortará a todos con su guadaña, nos segará como a las espigas de trigo, con su hoz que es el atributo de la Muerte, Madame La Mort, Madame, la Dueña y Señora de todo lo que nace, crece y termina.

–Ella todo lo puede –dijo una vez mi padre–, pero no podrá con la memoria, no podrá con la historia y las conquistas de los hombres que salieron de las cavernas para vencer al cielo y la tierra. Diosa Razón, omnipotente, como en la Logia Lautaro, como en Cádiz, cuando juramos poner nuestras vidas al servicio de su Causa, o sea de la libertad y la igualdad de los seres humanos, de humus, de tierra, hija mía, de polvo. *Del polvo vienes y en polvo te convertirás.*

Durante una tarde en la que le leía un pasaje de Balzac, me pidió que le acercara el retrato de Bolívar. Así lo hice. Entonces me dijo:

–Este hombre es el más grande que tuvo la América del Sud. El que más dio de sí mismo y el que más la padeció. Cuando lo vi en Guayaquil advertí realmente lo que pasaba por su alma. Iba hacia la gloria pero también hacia la anarquía y la ingratitud. Los pueblos de América son incomprensibles. Yo sabía que nos llevarían a la tumba. Se lo anticipé para evitar males mayores. Si él hubiera aceptado mi ofrecimiento, yo hubiera peleado bajo sus órdenes y la guerra hubiese terminado rápido, con menos bajas y menos desencuentros entre los mismos revolucionarios y entre los militares extranjeros: los franceses que seguían mis órdenes y los ingleses que lo seguían a él. Seguramente se hubieran ahorrado cientos de vida y se hubiese evitado el asesinato de Sucre, las intrigas de Torre Tagle, de Riva Agüero, la dispersión de los oficiales…

El me dio su retrato y yo le regalé un caballo de paso, una escopeta y dos pistolas.

Después Lafond publicó la carta de Lima y Sarmiento la difundió. En esa carta le escribo a Bolívar y le explico la situación. Después de Guayaquil sentí la necesidad de profundizar el diálogo, de manera escrita, o sea para siempre. Hubo muchas otras cartas, a Alvarado, a Miller, a Guido, a O'Higgins, a todos los amigos de América. Todos las buscan y las leen. ¿Pero, hija, qué es una carta? Uno piensa en el que la recibe, uno trata de no herirlo, hay que trabajar con cierto estilo para no ofender al otro con dichos vulgares, porque la letra queda y las palabras vuelan. Y a veces la escritura no resulta fiel a nuestros pensamientos. Uno escribe para el otro, a veces las cartas terminan siendo diplomáticas, remotas... ¿Por qué los historiadores se afanan tanto por las cartas? Yo quería a Bolívar y lo admiraba como él me admiraba a mí; pero se empeñaron en mostrarnos rivales. Tal vez, no nos entendimos. Yo vi en sus ojos el fin, si se puede ver, no solamente el fin de él como persona, acosado, perseguido, traicionado, sino vi el fin del Ejército Libertador sumido en la anarquía.

–Padre, no recuerde cosas tristes –le dije–. El continente alguna vez resurgirá.

–Como un Ave Fénix, quizás. Las guerras entre hermanos no se detienen, la anarquía tampoco. Rosas por un lado, las provincias por el otro, Buenos Aires altiva y el continente alejado –comentó.

–Padre, no se agite –le dije–, tengamos esperanzas.

El me tomó la mano y me la besó

–Mercedes, hija del alma, la más inteligente de todas y la más generosa. Gracias por ser la persona que más comprende al general San Martín.

Mi padre, en los últimos días había tenido fuertes dolores de estómago. Se alivió con una dosis de opio. Entonces murmuró:

–C´est l´ orage qui mène au port.

Los puertos y el mar. El mar, siempre el mar y el puerto ansiado y definitivo. Poeta querido, padre, artista de tormentas y cielos, capitán de la más extraordinaria flota libertaria del sur, capitán de los barcos que portaban las banderas de la libertad en un mundo donde todavía imperaban los tiranos. El mar, su mar, desde la juventud, capitán de goletas y fragatas, de bergantines y corbetas, de destructores y acorazados. Allá va su ejército por el mar, por el mar de Chile, por las costas del Perú y lo saludan los indios y criollos que serán liberados de los virreyes.

El día de su fallecimiento pareció sentir una ligera mejoría y a pesar de la fiebre, me pidió que le leyera los diarios en mi habitación. Se agitaba, palidecía.

—Es la fatiga de la muerte —me dijo. El fin estaba cerca. Sereno. Sin espadas y sin batallas, sin sables, sin balas y sin gritos de dolor. Mi padre murió en mi lecho. Había elegido una muerte distinta de la de sus camaradas, muertes violentas, duras, sudamericanas, como alguna vez me dijo con amargura. Allá iban, perseguidos, asesinados, suicidados, exiliados, Bolívar, Monteagudo, Sucre, Lavalle, Crámer, Brandsen, Pringles, Luzuriaga, Necochea, O'Higgins, Arenales, Bouchard...

Después le hizo señas a Mariano para que lo llevara a su habitación. No quería que yo, su hija, viera el momento fatal, el más cierto que todos portamos desde que nacemos y que nos lleva a caminar hacia él, seguros de que algún día, lo encontraremos y vendrá hacia nosotros.

Mi padre partió de nuestro lado a las tres de la tarde. Era un 17 de agosto. Al día siguiente falleció Honoré de Balzac, el mismo día en que mi tía María Elena cumplía sus años, María Elena, la única hermana de mi padre y a quien le otorga una pensión en su testamento, a ella y a su hija Petronila, porque en su alma de hombre fuerte había un espacio para nosotras, las débiles mujeres.

Era agosto, mi mes, porque yo nací en agosto, un 24 de agosto, fecha en que explotó el Vesubio y fue la Noche Triste de San Bartolomé que todavía tiñe de dolor y lágrimas la historia de Francia, como me contaba él, que tenía la mejor y más prodigiosa memoria del mundo y relataba la historia, la ciencia, la leyenda y la literatura.

Agosto, de Augustus, el primer emperador de Roma.

Así es, Mercedes, hija querida, agosto, el mes del emperador Augustus, cuando tú naciste en Mendoza —dice su voz desde ese lugar ignoto y añorado: la eternidad.

VII.

Brunoy

Piensa Josefa Dominga Balcarce y San Martín de Gutiérrez de Estrada:

Ahora que parecen venir años más felices, sólo me resta
recordar los días pasados junto a Fernando que partió al cielo
diez años antes de esa guerra atroz, la de 1914, con armas mo-
dernas y aviones que surcaban los cielos y arrojaban bombas
terribles y certeras, una guerra feroz de tan cruenta. Habíamos
pensado en organizar la fundación Balcarce y Gutiérrez de Estrada para ancianos desposeídos. Nosotros, que no teníamos
descendientes, dejaríamos nuestra herencia a los necesitados.
Pero los tiempos han cambiado. Qué lejos aquellos atardeceres
cuando contemplaba a mi madre apesadumbrada por la muerte
de María Mercedes. Tantas muertes y ella siempre recordando
que era casi la hija de una muerta, porque Remedios Escalada
de San Martín retornó desde Mendoza a Buenos Aires con su
ataúd atado al carruaje. Por si fallecía en el camino. Siempre mi
madre recordaría ese viaje, porque se lo contó su abuela como
forma de reproche al general. Y su soledad. Vio morir a su madre y a su padre, a su hija mayor, mi hermana María Mercedes
que jugaba y cantaba conmigo. Mercedes Tomasa de San Martín y Escalada, te veo venir hacia mí junto al abuelo y me dices
algo, algo relativo al legado de los Balcarce, o sea de mi padre,
Mariano Balcarce, que tanto sufrió por tu muerte y antes, varios
años antes, por la muerte de María Mercedes.

Soy ya muy vieja. Mis manos agrietadas lo delatan. Pronto
será mi turno, pero he cumplido. Le entregué a Bartolomé Mi-

tre documentos y mobiliario para el Museo Histórico de la Nación. Todo debe estar allá, en la república que no conocí pero que tanto amaron mis padres y mis abuelos y todos los que me precedieron. Cuando repatriaron a mi abuelo, Sarmiento y Avellaneda dieron grandes discursos. Allá, en la catedral de Buenos Aires, el general San Martín, aguarda el Juicio Final.

Nunca fui a Buenos Aires, pero la conozco: su río, su pampa, sus estrellas, y ahora sus avenidas, las que trazó Torcuato de Alvear. Se parece a París, me dijeron, con sus teatros y cafés. La Argentina es una república moderna, un país culto, educado y generoso. Ahora gobierna otro de los Alvear, Marcelo Torcuato. Los Alvear siempre en mi familia, como decía mi abuelo, porque somos un viejo y enmarañado linaje con ramas que se cruzan. Ya no es posible que pueda viajar a Buenos Aires. Me hablan tanto de su puerto, de sus casas, verdaderos palacios que construyeron arquitectos europeos. Mis padres y mi abuelo siempre tuvieron relaciones tirantes con esa ciudad. Ciudad mercantilista la calificaba el abuelo. Casi lo matan allá. Rivadavia quería apresar al general San Martín por desobediencia y otras acusaciones infames. Él se quedó en Mendoza un tiempo y no pudo ver el final de mi abuela Remedios. Esa era una herida en el alma y una herida que también llevó hasta sus últimos instantes mi madre.

Es el momento de los San Martín y Balcarce, he devuelto a la patria lo que le pertenecía y sobre todo, allá descansa mi abuelo. Para siempre. Lo sacamos del panteón familiar de Brunoy, nuestra residencia, en la que viví feliz con mi marido, este castillo de Brunoy donde residimos y donde mi madre dispuso que descansaría el general San Martín para siempre.

–No lo sacarán de Brunoy –decía ella–, no mientras yo viva.

Brunoy, sus muros, sus ventanales, sus salas, sus jardines; donde escuché hablar a algunos de los conservadores americanos que instauraron la monarquía en México con el emperador Maximiliano de Habsburgo y la emperatriz Carlota. Idea aventurada de mi suegro José María Gutiérrez de Estrada. Todo terminó en levantamientos, con el fusilamiento de Maximiliano y con la locura de Carlota. Aquí, en Brunoy, me alejaré de mis días mortales y esta casa seguirá siendo el hogar para los ancianos, las hermanas, los médicos y las enfermeras de la Fundación Balcarce y Gutiérrez de Estrada.

Fue trágico lo que pasó hace unos años, durante la presidencia de Yrigoyen en la Argentina. Tantos desencuentros, tantos muertos, tantas víctimas en esos levantamientos de la Patagonia. Y en las fábricas. Me llegan libros de allá, de Vicente Fidel López, el que murió en un duelo, como un héroe romántico. Extraordinario novelista era López, cercano a Zola y a Balzac. Pensar que Balzac murió al día siguiente del general San Martín, el 18 de agosto de 1850. Balzac, *Le père Goriot, Eugenia Grandet*, los libros que mi madre le leía a veces a mi abuelo cuando él no podía ya escribir sus cartas y no recibía a visitantes. Además le leía libros de Sarmiento, de Alberdi y de Echeverría, que ya murieron.

—Grandes plumas que fustigan a Rosas —decía mi madre—. Siempre los San Martín y Escalada y los Balcarce tuvimos una relación compleja con Rosas. Pero mi abuelo no, le tenía afecto a Rosas. Él veía debajo del agua, veía lo que otros no podían ver. Tendría que haber llevado las riendas de los gobiernos de la Argentina y de toda América. Pero se mantuvo a un costado, no quería el poder. Era demasiado idealista, un cruzado de la Logia.

—Sí, Pepita —dice una voz—. Sí, pequeña, ven que te contaré un cuento. Y esa voz es la voz de mi abuelo, el general José de San Martín.

—Qué lindo, Tatita —le contesto desde el tiempo—. Me acuerdo de nuestros paseos por las avenidas de París en el coche mientras hablábamos en castellano, siempre en castellano. Íbamos los dos y los cocheros, los mozos de los cafés, los transeúntes hablaban en francés y nosotros dos, como viajeros felices, conversábamos en español. En casa también se hablaba en inglés. Mi madre había estudiado en Londres y siempre mi abuelo se acordaba de esa ciudad, adonde había conocido las bases de la Ilustración.

–Ahora que soy casi un cuáquero –decía– me parece que esos años de militancia en la Logia fue la etapa más brillante de mi ya larga vida.

Todo lo tendrá la Argentina. Todo lo que fue de mi abuelo. Se lo dije a Mitre. El tiene su especial visión de la historia y cree en la rivalidad entre Bolívar y mi abuelo. No hubo tal rivalidad, el general San Martín quiso ponerse bajo las órdenes de Bolívar.

Y las cartas... ah, las cartas, a Santander... a Guido... las cartas son parte de la política también.

Hoy la vida es distinta en Buenos Aires, me dicen, es una ciudad muy grande, con subterráneo y trenes y automóviles, como en Europa, con avenidas y teatros iluminados. Como en París. Acá todo ha cambiado luego de la guerra: la gente, los jóvenes, la música, el arte, todo... Ya no hay carruajes, sólo automóviles, y teléfonos. La gente va al cine, donde ven historias de amor y las travesuras de Charles Chaplin. Prefiero la ópera. Gounod, Bizet, Puccini y todo lo que de ese genio surge: *Manon Lescaut*, *La bohème*, *Tosca*...Mi abuelo fue amigo de Rossini. Se reunían en Petit-Bourg, la residencia del Marqués Aguado, cuando vivíamos en Grand-Bourg. Había almuerzos y veladas con artistas, escritores y músicos. Y también cenas en restaurantes luego de asistir al Garnier o a la Opéra-Comique.

París es luz, siempre lo fue, la ciudad de las luces, pero ahora la luz es su mejor atuendo. El Sena brilla en la noche más que la luna y las estrellas. Los poetas le cantan. Los poetas de antes y los jóvenes de ahora. Al gran Verlaine: *Blanche, émerge Vénus, et c´est la Nuit*...le siguen el chileno Vicente Huidobro y Reverdy. Pero soy de otro siglo y me cuesta llegar a su poesía.

Siglo XX. ¿Qué aguardará a los niños que nacen en estos tiempos? ¿Cómo serán los jóvenes que habitarán nuestras ciudades dentro de veinte, treinta, cuarenta años?

Más simple y acorde con mis deseos será encontrarme con Fernando, mis padres y con mi hermana junto al foso que cavaré en mi recuerdo, como Odiseo, para evocar a sus muertos que emergerán de las tinieblas y vendrán a consolarme. Ahí estarán también mi abuelo y los oficiales Brandsen, O'Brien y Miller, héroes de las guerras napoleónicas y del Ejército de los Andes, con sus pechos ornados por la Medalla de la Orden del Sol del Perú y que se acercarán a reverenciarme mientras dirán a coro que aprueban mi decisión de donar el legado del general San Martín a la Argentina. Guillermo Miller, el militar inglés que había luchado contra Napoleón y en cuyo cuerpo todavía habitaban las balas de las batallas, valiente guerrero de Junín y Ayacucho, amigo entrañable de mi abuelo y que pidió morir en un buque británico anclado en la costa del Perú, Federico Brandsen, el francés, soldado de Bonaparte, habitante de América para siempre, que perdió su vida en Ituzaingó, exiliado de Lima por Bolívar quien pronto se arrepintió de esa decisión. Y John O'Brien, el otro veterano de las guerras napoleónicas, hijo de Irlanda que fue edecán del general San Martín y que alguna vez vino a visitarlo en Grand-Bourg. Todos ellos estarán junto al foso, porque son héroes como los troyanos y aqueos de aquella guerra inmortal. Y vendrá también, con su bicornio emplumado y su casaca de cuello alto con adornos dorados, el Libertador de Colombia, el único, el más admirado y reverenciado por mi abuelo: Simón Bolívar, a beber el agua que les otorgaré para retornarlos a la vida, como si yo fuera una maga o una sibila, intermediaria, como toda mujer al fin, entre las fuerzas de la vida y las fuerzas de la muerte. Menos novelas, menos sueños e ilusiones, epopeya pura, podré rescatar a los muertos que acompañaron a mi abuelo. Esta es mi misión y creo que poco a poco la cumpliré. Aunque como toda obra humana quedará incompleta. Siempre faltará una letra, un detalle, una carta, una línea, un retazo de memoria. Dejo las pruebas materiales que están a mi alcance, las que pude inventariar, las que devienen del testamento del general, de las palabras de mi madre y de mi padre. Traté de ensamblar las partes y pude por fin ordenar los hechos y la concatenación de los hechos para legarle a la Argentina una porción del alma del general San Martin. Escribiré unas cuantas cartas más a las autoridades de Buenos Aires, ahora que Mitre ya no está, para indicar y señalar algunos secretos de la casa de Boulogne-sur-Mer donde murió el general en agosto, de Augustus, mes del emperador Octavio Augustus de Roma.

Lo más seguro es que pronto deberé partir.

Me aguardan mi marido y mi hermana, mis padres y mi abuelo, la abuela Remedios de Escalada, la que quedó en aquella tierra santa de la Recoleta en Buenos Aires, mis bisabuelos y tatarabuelos, que modelaron mi alma sin saberlo. Soy la última, se fueron todos, la tía María Elena, la prima Petronila, los tíos. Y se fue Fernando, el hombre de mi vida, el que se acercó y se inclinó ante mí porque me amaba. Misteriosa relación de un hombre y una mujer es el matrimonio, como lo fue el de mis padres y mis abuelos. Ahora estoy sola en esta tierra y me imagino a los bisabuelos que iban a América y que dejaban las torres de Castilla y León, los veo, doña Gregoria Matorras y don Juan de San Martín, rumbo al Virreinato del Río de la Plata, en pleno siglo de Carlos III, en las Misiones, en medio de mocovíes y guaraníes, en el Tucumán, el Gran Chaco y el Paraguay. Doña Gregoria y don Juan, castellanos, cuyos ojos vieron las almenas donde todavía se erigía la figura altiva del Cid Campeador.

Francia me condecoró con la Legión de Honor, por haber sido generosa en la guerra, aun con los enemigos. Humanidad.

Humanitas, de humus, tierra, de ella venimos y hacia ella nos encaminamos... Muerte igualadora.

Ah, Brunoy, esta mansión con tanta historia entre sus muros que evocan a Luis XVIII y donde cada día que pasa recuerdo una anécdota; un castillo construido por los nobles para los nobles, pero que ahora es para quienes lo necesitan. Nuestros bienes quedarán para las obras filantrópicas de Fernando Gutiérrez de Estrada, que dice servirá así a México, su patria. Fernando, tan desprendido y generoso. Con él vimos los tiempos gloriosos de Eugenia y Napoleón III. Los Gutiérrez de Estrada apoyaron la creación del Imperio de México, con Maximiliano en el trono y la pobre emperatriz Carlota. Siempre escuché hablar de Carlota, víctima para siempre de un grave error, enloquecida por el fusilamiento de su marido.

A la Argentina ya le entregué los tesoros de la guerra y la familia, y también los otros, los documentos de la historia y los libros, no tantos como los que hay en Lima que dicen son todos en francés, libros que cuidaba Rosa Campusano Cornejo. ¿Quién fue esa mujer mestiza, tan hermosa, que acompañó a mi abuelo cuando vivió en Lima? Le decían La Protectora, aludiendo al título de San Martín. Había sido puesta en la cárcel por la Inquisición por leer libros prohibidos, pero San Martín la condecoró con la Orden del Sol. Era culta, hablaba el francés y el inglés, además de recorrer de noche toda la ciudad para llevar noticias e información, era una tapada, como les decían a las mujeres que pasaban datos al modo de espionaje en el Perú y que iban cubiertas con un rebozo. Rosa fue sin duda alguna una patriota, una mujer adelantada que ayudó al general a iluminar al Perú, sacando los sepulcros de las iglesias, declarando la libertad de los esclavos, llevando la lectura y los libros al pueblo. Ricardo Palma habla de ella, la conoció porque era compañero de Alejandro Weninger, el hijo de Rosa. Palma creó un relato con el personaje de Rosa Campusano. Qué grande la literatura americana: José Martí, Rubén Darío, tan grandes como el Duque de Rivas y Espronceda y por siempre Sarmiento, el que adivinó la nostalgia y la melancolía de mi abuelo. Cómo no iba sentir melancolía, si en cada batalla se encontraba con cientos de muertos, con miles de muertos.

–La guerra es incomprensible, hijas –nos dijo un día mientras tomábamos el té en el comedor de Grand-Bourg. Y él con su mate y su café y sus rosas para nuestra madre. Y Mercedes de San Martín y Escalada de Balcarce lo miraba enternecida. Él, el guerrero, el inmarcesible general de tres países, el libertador, hubiera querido ahorrar todas las vidas de las batallas. Eso decía en sus cartas. A Lavalle, a Guido, a Artigas. Ahorrar vidas.

–Él fue militar por herencia, por tradición familiar, su padre, sus hermanos, todos eran militares –decía mi madre–. Sí, por mandato paterno y por una convicción que estaba en la Logia de los Caballeros Racionales. Un cruzado, el general San Martín, mi abuelo, fue un cruzado de la emancipación y las luchas libertarias, de las luces y la ilustración…Por eso guerreó.

–*Vana rosa* –dijo San Martín alguna vez ante sus nietas– que en la mañana despierta lozana y a la noche de deshoja… Padre, hermanos, madre, esposa, ya se han ido. Y solamente quedo yo aguardando el final.

La guerra y su crueldad: llora, *llora urutaú/ en las ramas del yatay/ ya no existe el Paraguay/ donde nací como tú/ ¡llora, llora urutaú*! El pájaro fantasma, llanto por los muertos. Recuerdo de memoria esos versos de nuestro querido Carlos Guido y Spano, hijo del amigo de mi abuelo, el general Tomás Guido, el que sabía los secretos de Guayaquil. Pensar que Carlos Guido y Spano, el poeta, estuvo acá en París, en la agitación revolucionaria de 1848. Un libertario, un alma suprema era Carlos. Como su padre. En ellos no cabía el egoísmo, ni la ambición. Urutaú, Yatay… qué hubiera dicho mi abuelo al escuchar esos versos. Él, que amaba el guaraní. Y que no hubiera estado jamás de acuerdo con la cruenta guerra del Paraguay. Carlos Guido y Spano participó de las barricadas de la revolución en París. Pero eran otras épocas. Hay que leer *Los miserables* de Hugo para comprender esos tiempos, la miseria... el dolor... Víctor Hugo. Sí, el abuelo lo leía. Allí está, entre sus libros preferidos, como los de Balzac...

Balzac, que murió al día siguiente que él, un 18 de agosto. Tantos muertos. Quedo yo sola. Murieron Sarmiento, Mitre y también Guido y Spano. Murieron los poetas de América, Rubén Darío acosado por la melancolía y Amado Nervo, murió mi madre, luego de haber perdido a su padre y a su hija mayor, mi hermana querida. Ella no se repuso de su muerte. Ni la de su hija ni la de su padre. Alguna vez dijo algo respecto a los deseos de mi abuelo de descansar eternamente en su patria. Dijo que su padre le habló de su corazón, que quería que su corazón descansase en Buenos Aires, junto a Remedios. Pero el corazón no es el cuerpo o las cenizas del cuerpo. El corazón es la pasión, el ideal. Eso es el corazón. Solamente cuando mi madre murió se pudieron repatriar los restos del general San Martín. Yo sé que mi madre guardaba un secreto y deseaba retener a mi abuelo en la cripta familiar. Ellos hablaron alguna vez mucho tiempo sobre ese tema. Nosotras, María Mercedes y yo, los veíamos preocupados y conmovidos. Jamás nos dijeron nada.

No fui nunca a Buenos Aires. Soñaré siempre con esa ciudad. Pensar que mi madre no quería que sacaran a mi abuelo del panteón de Brunoy, no y no. Hubo que aguardar a que ella muriera. ¿Por qué Mercedes Tomasa de San Martín de Balcarce no quería que su padre regresara a la tierra que lo había visto nacer y que descansara en la Recoleta junto Remedios Escalada de San Martín? Una pregunta final, sin respuesta. A veces recibo a viajeros de la Argentina y a mis queridos sobrinos que me cuentan lo que ocurre allá. Los amo y cuando ellos llegan a Brunoy el cielo se alegra y los pájaros, los muros, los árboles, las rosas, todo... Es como cuando mi abuelo regresaba de sus baños termales en Italia, desde Roma o desde Nápoles, cargado de regalos. Sí, es como con mis sobrinos que me traen presentes de América.

Ahora París se ilumina con la torre Eiffel, homenaje al Centenario de la Revolución Francesa, el legendario 14 de julio... Y yo nací un 14 de julio...

–Nació el día que marca el hito más grande en la historia de la libertad –dijo mi abuelo–. Pepita será la abanderada de las causas justas.

Ha pasado la guerra. Brunoy parece rejuvenecido y cobija a muchos ancianos. Queda poco. El camino son estas cartas de Bartolomé Mitre sobre mi escritorio y el libro que escribió sobre San Martín. No fui a Buenos Aires. No iré jamás. Un mandato extraño me prohibió hacerlo.

–Iban a matar a mi padre –decía mi madre–. Habían pergeñado una emboscada pero hubo un aviso a los Escalada. Y el general entró en Buenos Aires embozado, de incógnito, para burlar la celada. No lo reconocieron y fue a buscarme. Mi madre ya había muerto y él sólo atinó a poner una placa en su tumba.

Allá está por fin mi abuelo, en la Argentina, recibido por Sarmiento y Avellaneda. En la Catedral de Buenos Aires, una bellísima capilla fue construida para ese fin. Reverenciado por su pueblo, descansa en paz.

Si no hubiera sido por las cartas y la insistencia de los argentinos, no sé, tal vez no hubiera autorizado su partida de Brunoy. No fue fácil, estaba entre el deseo último de mi madre y el del abuelo. Y el deseo de Mitre, que no vaciló en contar la historia de la arrogancia y el egoísmo de Bolívar y el desprendimiento de San Martín. Mitre no vacilaba en separar a Buenos Aires del mapa suramericano.

Cumplí por fin, cumplí con el general San Martín. Envié la miniatura de Simón Bolívar al Museo Nacional.

–Es el retrato de un gran hombre –dijo una vez mi abuelo–, un hombre en el que vi reflejada la historia de América y el futuro de lo que vendría: la anarquía, las muertes prematuras, las traiciones, el odio, la ingratitud. Vi a Simón huyendo vencido y desilusionado por el Magdalena mientras intentaban matarlo y las emboscadas y atentados se multiplicaban, huyendo en la total pobreza, en medio del calor y la fiebre y lo peor, del desprecio y la ingratitud de aquellos mismos que había liberado. Eso fue Bolívar para San Martín: un gran hombre. Lo demás, los mitos, las cartas, las interpretaciones, el desencuentro político por la forma de gobierno, son desviaciones de los exégetas.

–Cómo creer en las cartas, cómo, si son circunstanciales y pasajeras. Hay que creerle al espejo que nos refleja y refleja a los otros, el reflejo de mi cara que es la del otro. Vi en la cara de Simón, el Libertador de la Gran Colombia, que no había lugar para los dos en el Perú. No quiso aceptar que yo me pusiera bajo sus órdenes. Por delicadeza, como él mismo confesó. Esa era la alternativa más racional y estratégica. Hubiese sido el segundo jefe del ejército libertador y la historia de la campaña emancipadora de América hubiese tenido un desenlace menos dramático.

Esto nos dijo el general San Martín a María Mercedes y a mí una tarde lluviosa y triste en Grand-Bourg.

Y comenzamos a comprender, las cartas a Lafond, a Tomás Guido, a Alvarado, a Arenales, encerraban una historia, la historia de Guayaquil, una historia encerrada en su corazón.

Y algo quedó claro; el abandono de Buenos Aires que no envió ni un céntimo para el Ejército Libertador, salvo algunas familias patriotas. Chile y el Perú se hicieron cargo, pero no bastaba. Esa actitud acorraló a mi abuelo que debió pedir refuerzos a Bolívar, pero estaba solo y Buenos Aires le dio la espalda. Los porteños jamás aceptarían formar parte de un estado único sudamericano. Bolívar veía esa posibilidad pero sabía que Buenos Aires se opondría. Por eso prefirió seguir solo.

Guayaquil fue la estrategia porteña para separar a la Argentina de Sudamérica. Además las lecturas inequitativas del epistolario sanmartiniano y bolivariano lograron convencer a todo el mundo de que en ese encuentro se dirimieron cuestiones personales entre dos líderes militares: Bolívar, pagado de sí mismo y un desprendido San Martín, dispuesto al sacrificio de abandonarlo todo. No había otro camino. O se unía con Bolívar y se ponía bajo sus órdenes para terminar la campaña o renunciaba porque nada podía ofrecer ya al Libertador de Colombia. Pero había una salida, y era el apoyo de la Argentina a la campaña liberadora. Un gesto del gobierno de Buenos Aires hubiera bastado para inclinar la balanza hacia un triunfo sudamericano total, hacia un continente unido y poderoso.

Buenos Aires continuó mirando a Europa y obligó a San Martín a volver. Nada le interesó a la rica ciudad del puerto: si no hubiese sido por las provincias del norte, los realistas hubieran recuperado en gran parte el territorio. Nada le interesó, ni siquiera la noble provincia de Tarija, que le fue cedida a la República de Bolivia. El secreto de Guayaquil era ése, como decía mi madre: el olvido de los porteños del continente americano, la separación definitiva del puerto de Buenos Aires de Sudamérica, del Perú, de Colombia, de Bolivia. Una ciudad luminosa y moderna, así dicen que es Buenos Aires. La soñé una y más veces. La soñé. Quedará en el lugar de los sueños y las fantasías porque no iré allá, ya es muy tarde.

Mi preocupación es la Fundación, los ancianos, su comida, su ropa, sus medicamentos, el hospital. Por eso no desalojé el establecimiento en 1918 cuando atacaron los alemanes con un bombardeo atroz. Desobedecí el pedido de las autoridades militares de Francia. Necesitábamos la sala de operaciones, a los médicos y a las enfermeras. Esto es lo que dejo. Lo que dejamos Fernando Gutiérrez de Estrada y yo a Brunoy y al mundo. Quizás alguien alguna vez pueda contar mejor la historia de la casa de Brunoy que es la continuación de la vida de San Martín, la mansión que eligieron mis padres para vivir, el lugar que mi madre señaló para que descansara el general para siempre. R.I.P. Por los siglos de los siglos. Mercedes de San Martín y Escalada trasladó los restos de su padre desde la catedral de Boulogne-sur-Mer a la cripta familiar. Tal vez algún escritor o escritora, repare en esta parte de la historia y pueda escribir un nuevo relato, más verídico y más profundo. Seguramente dirá que fui la última de una familia, la que vio morir a todos: a su abuelo, a su madre, a su padre, a su hermana, a su marido, la última memoria, la que determinó la herencia de los libros, de los papeles, los retratos y los recuerdos, las palabras que quedaron flotando en una sala o en torno del hogar una noche de invierno cuando jugaba junto a mi hermana María Mercedes con las condecoraciones de nuestro abuelo que miraba resignado al tiempo que se deslizaba por los jardines de Grand-Bourg, sus dalias y sus carruajes. Mi abuelo nos miraba resignado y a la vez feliz desde sus ojos enrojecidos por las cataratas. Y nuestra madre bordaba. Lejos, muy lejos, estaba América. Él y mi madre hablaban en francés y nosotras podíamos escuchar algo como galope de caballos y reuniones, espadas y legados, cartas y oficiales. Mamá seguía bordando inacabables gobelinos, o tejiendo inacabables encajes. El invierno era crudo en Grand-Bourg. Cuando llegaba nuestro padre cenábamos. Todo lo recuerdo. Ahora son rostros que me miran con su color de cera y se acercan a mi mesa de trabajo: vengan amores míos, ya soy una anciana, pronto iré a acompañarlos a la morada única que nos aguarda. Rostros color de cera, dorados y bellos todavía porque me aman a pesar del tiempo que ha pasado y que tiende a borrar todas las huellas.

Está terminando el invierno de 1924. El mundo ha ido olvidando el dolor de la guerra. Hay tanto arte y tanta música en París, tanta poesía…Querría permanecer para presenciar este mundo más tiempo… Poco a poco he renunciado a mis paseos habituales en automóvil. Mi chofer siempre me recuerda que esas salidas lo llenaban a él de alegría porque se sentía muy importante llevando a una dama como yo por las calles de Brunoy y de París... Pronto llegará la primavera con su cielo despejado y sus rosales, sus árboles y sus días templados y claros. Me gustaría morirme en primavera, renacer desde el humus en hierbas frescas, en agua cristalina y pura. Irme del mundo en abril, abril, del latín aperire, o sea abrir, cuando despuntan las flores y el sol comienza a brillar más tiempo sobre el horizonte. Abril...